西域研究

[日]藤田豐八◎著
楊錬◎譯

山西出版傳媒集團
山西人民出版社

圖書在版編目(CIP)數據

西域研究 / [日] 藤田豐八著；楊錬譯. —太原：山西人民出版社，2015.9(2024.2重印)
(近代海外漢學名著叢刊 / 鄭培凱主編)
ISBN 978-7-203-09067-0

Ⅰ. ①西… Ⅱ. ①藤… ②楊… Ⅲ. ①西域—地方史—研究 Ⅳ. ①K294.5

中國版本圖書館CIP數據核字(2015)第202477號

西域研究

叢刊主編　鄭培凱
著　　者　[日] 藤田豐八
譯　　者　楊　錬
責任編輯　王新斐

出 版 者　山西出版傳媒集團·山西人民出版社
地　　址　太原市建設南路21號
郵　　編　030012
發行營銷　0351-4922220　4955996　4956039
　　　　　0351-4922127(傳真)
天猫官網　https://sxrmcbs.tmall.com　0351-4922159(電話)
E-mail　sxskcb@163.com　發行部
　　　　sxskcb@126.com　總編室
網　　址　www.sxskcb.com

經 銷 者　山西出版傳媒集團·山西人民出版社
承 印 廠　山西出版傳媒集團·山西新華印業有限公司

開　　本　700mm×970mm　1/16
印　　張　13
字　　數　98千字
版　　次　2015年9月　第1版
印　　次　2024年2月　第二次印刷
書　　號　ISBN 978-7-203-09067-0
定　　價　65.00圓

近代海外漢學名著叢刊編委會名單

總主編　鄭培凱

編委會　傅杰　霍巍　戴燕（按姓氏筆畫排序）

總策劃　越衆文化傳播·周威

總監製　南兆旭

統籌　徐勝　顔海琴

出版工作委員會

主任　李廣潔

副主任　姚軍　石凌虚

委員　梁晉華　張文穎　秦繼華　馮靈芝
張潔　崔人杰　王新斐　郭向南

設計總監　李尚斌

設計製作　王秀玲　吴圳龍　何萬峰　歐陽樂天

出版説明

近代海外漢學名著叢刊選取一九四九年以後未再刊行之近代海外漢學作品，編例如次：

一、本叢書遴選之作品在相關學術領域具有一定的代表性，在學術研究方嚮、方法上獨具特色。

二、爲避免重新排印時出錯，本叢書原本原貌影印出版。影印之底本皆經專家組審定，原書字體大小、排版格式均未做大的改變。

三、爲使叢書體例一致，本叢書前言、後記均采用繁體字排版。

四、個别頁碼較少的版本，爲方便裝幀和閱讀，進行了合訂。

五、少數作品有個别破損之處，編者以不改變版本内容爲前提，部分進行修補，難以修復之處保留缺損原狀。

六、原版書中個别錯訛之處，皆照原樣影印，未做修改。

由於叢書規模較大，不足之處，在所難免，殷切期待方家指正。

總序／温故而知新

晚清以來，西力東漸，西方文化思想的著作也大量譯成中文，最著名的如嚴復與林紓的譯著，影響了整個二十世紀中國的知識界與文學界，使得中國文化的思維脈絡爲之丕變。除了西方思想經典、文學與實證科學著作的翻譯，以實證方法系統化探討中國文史的域外漢學，也對中國學術思想界産生了莫大衝擊，改變了中國學術的著述方法與取嚮。

中國傳統的知識結構，是按經史子集四庫分類的，以儒家意識形態的經學爲文化知識的砥柱，以史學爲貫串歷史經驗的殷鑒，至於子部與集部，則是作爲保存文獻、擴大知識面的附帶知識，可以耽情冥想，可以悠遊玩賞，却都是邊緣化的知識，無關聖教的弘揚，無關文化精髓的宏旨。西方文藝復興之後的現代學術體系，在知識分類上，與中國傳統大相徑庭，講究系統分科，不同知識領域各有其客觀存在的價值，有其相對獨立的目的與標準。日本知識界在明治維新以來，鑒於東方文明落後於西方的船堅炮利，率先效法西方，在追求「文明開化」、「脱亞入歐」的過程中，爲日本學術發展循着現代西方的體例，建立了哲學、文學、歷史學、經濟學、法學、商學、物理學、化學、地質學、醫學、農學、工程學、植物學、動物學等等新型學科，企圖與西方學術齊頭並進，從而影響了中國近代學術體系的發展。

本叢刊選印二十世紀上半葉出版的漢學譯著近百册，分爲三大類：「歷史文化與社會經濟」、「古典文獻與語言文字」、「中外交通與邊疆史」，反映民國時期學術界重視西方及日本漢學研究的成果，藉助他山之石，重新審視中國傳統歷史文化的意義，特別是開拓了傳統學術忽略的領域。五四新文化運動以來，中國學者如蔡元培、胡適都提倡「整理國故」，以理性實證的方法，對中國文化傳統做出系統化的研究，是與這些漢學譯著相輔相成的。這些譯著除了介紹域外漢學的成果，還引進了嶄新的學術研究方法與視角，有助於梳理中國文化傳統的脈絡，重新整合知識結構與學術體系。雖然這些學術著作不是中國學者的成就，無法納入二十世紀中國文史學術的主脈，但是從中文譯本的影響而言，起碼也應當視爲中國近代學術發展的支脈或潛流，不容忽視。可惜的是，到了二十世紀下半葉，因爲兩岸政治形勢的變化，這些漢學譯著，除了部分因王雲五重新入主臺灣商務印書館，而得以在臺灣做了少量的重印，在大陸的出版界，則完全受到遺忘，甚至在許多新成立的大學圖書館中也不見踪影。我們搜集了近百冊塵封的漢學譯著，呈現給二十一世紀的中國學術界，一方面是爲了銘記前人爲推展學術而做出的努力，另一方面也是爲了提醒新常態時期的學人，學術發展有其歷史累積的脈絡，可以從中汲取歷史經驗，温故而知新。

說到「温故知新」與這批早期漢學譯著的關係，可以從兩個方面來思考，以見翻譯域外漢學如何反映了時代精神，爲融匯東西方學術思維，重新闡釋中國文化傳承，做出不可磨滅的貢獻。一是域外漢學的研究對象，以中國歷史文化典籍爲主，屬於中西文化碰撞期間興起的「國學」範疇，與五四新文化人物提倡的「整理國故」運動若合符節。研究中國歷史文化，並賦予新的學術意義，是清末民初知識精英念茲在茲的心結。歷史發展走到一個環節，時代的狂風揚起了批判傳統的大旗，風中的英雄幫着推波助瀾，卻又無時或忘自己民族文化主體的未來，糾纏於「傳統」能否「現代」的困境。域外漢學的出現，以西方實證方法研究中國歷史文化傳統，綜合東西方各種語言文字材料，擴大了研究國學的眼界，即使無法打開中國文化傳統是否走到盡頭的心結，至少是提供了一個解惑的方嚮，在大霧彌漫的夜晚，看到了依稀渺茫的星光。

二是翻譯域外漢學，有一種以子之矛攻子之盾的吊詭作用，逐漸化解了中國文化思維中的自大心理與封閉心態，讓唯我獨尊的國粹基本教義派解除武裝到牙齒的盔甲，轉而吸收並接受西方實證研究的學風。民國期間新式教育制度的推行、學術體系的變化、大學學術專業的創建，具體到北京大學國學門的成立，中央研究院規劃歷史、語言、考古的研究領域，都與翻譯域外漢學背後的旨意是息息相關的。因此，重新閱覽這批民國期間的漢學譯著，對二十一世紀的現代學人來説，温故而知新，不但可以窺知民國學人追求新知的心理狀態，也會刺激吾人反思，認真思考學術研究方法與中國學術發展的前景，更進一步，探索文化傳統的重新闡釋與新知介入的關係。知識體系的變化當然與傳統的重新闡釋有關，是外爍的影響大呢，還是内因變化的成分居多？

論語·爲政記載孔子説：「温故而知新，可以爲師矣。」歷代解經，對這個「爲師」的道理，有兩種相近似但又取嚮不同的解釋。朱熹四書集注説：「故者，舊所聞。新者，今所得。言學能時習舊聞而每有新得，則所學在我而其應不窮，故可以爲人師。若夫記問之學，則無得於心而所知有限，故學記譏其不足以爲人師，正與此意互相發也。」雖然朱熹把知識分爲「舊所聞」與「新所得」，强調的却是「學而時習之」，從中生發新的心得，也就是從詮釋舊典中得到新知。這個説法與朱熹在鵝湖之會以後，作詩唱和，寫給陸九淵的詩句，「舊學商量加邃密，新知涵養轉深沉」，异曲同工，是一個意思，萬變不離其宗，舊學與新知是同一個脈絡的知識學理。

然而，有些朱熹之前的經學家，解釋「温故知新」，却有不同的取嚮。皇侃論語義疏就説：「故，謂所學已得之事也。所學已得者則温尋之不使忘失，此是月無忘其所能也。新，謂即時所學新得者也。知新，謂日知其所亡也。若學能日知所亡，月無忘所能，此乃可爲人師也。」皇侃明確説到，「故」指的是過去所學的知識，而「新」則指的是新近學到的知識，新舊結合，相互發明，就可以「爲人師」了。邢昺論語注疏循着皇侃的思路，也説：「言舊所學得者，温尋使不忘，是温故也。素所未知，學使知之，是知新也。既温尋故者，又知新者，則可以爲人師也。」這裏講的「素所未知」，就不祇是研讀舊學，有了新的體會，從過去的傳統中發展出的「新知」，而是從來没聽過、没想過的新學問了。這種「素所未知」的新學問，結合「舊所聞」，對習以爲常的知識框架，就會産生巨大的衝擊，而出現飛躍性的結構變化。知識内容或許大體沿襲傳統，知識結構却得以重新整合，出現嶄新的認知系統，重新審視自己文化傳統的意義，打開文化傳承的新局面。二十世紀上半葉的漢學譯作，就發揮了這樣的作用，促使中國學者放棄自我中心的文化態度，從各種不同側面，探知中國歷史文化的光譜，以域外（或是全球）的角度觀測中國傳統，摇動了文化的萬花筒，看到七彩繽紛的中國。

嚴復在甲午戰争之後，改良變法思想風起雲涌之時，開始大量翻譯西方思想經典著作，是有感於國人（特别是傳統文化孕育的知識精英）思維系統封閉，企圖介紹實證新知，引進邏輯思維的方法，以破除儒學之道「一以貫之」與「放之四海而皆準」的虚妄。他翻譯天演論，在序文中提到，有人歸納東西方學術思想，認爲中國文化重精神，是形而上之學，立意高超，而西方文化重物質，是形而下之學，祇追求功利的回報。他認爲，這種自以爲是的蒙昧態度，陷入傳統舊學的框囿而不自知，没有自我反思的能力，無法吸收「素所未知」的新知識，也就無法開展並弘揚自己的文化傳統。嚴復非常清楚他翻譯西方經典的目的，是爲了介紹新知，打破中國傳統思維的封閉性，但是，作爲披荆斬棘的拓荒人，他深知思想封閉者的頑固心理，必須因勢利導，以免遭到盲目衛道之士的攻訐。嚴復有其防身的策略，不會像許褚戰馬超那樣赤膊上陣，而是以桐城文章譯述赫胥黎、斯賓塞、穆勒、亞當·斯密、孟德斯鳩，博得晚清知識精英的贊許，文章深閎而傳入了新知義理。從文化變遷的角度而言，通過翻譯，以迂迴戰術來介紹西方思想，得到巨大的成功，産生了改變傳統思維體系的實效，是中國近代思想史上影響深遠的大事。以此類推，民國時期大量翻譯域外漢學的影響，也是不容忽視的思想史課題。

關於清末民初西方學術思維衝擊中國知識精英，顛覆傳統文化的知識結構，錢穆在現代中國學術論衡的序言中，從中國文化本位的立場，發出深刻的感慨，做了籠統的批評：「文化异，斯學術亦异。中國重和合，西方重分別。民國以來，中國學術界分門別類，務爲專家，與中國傳統通人通儒之學大相違异。循至返讀古籍，格不相入。此其影響將來學術之發展實大，不可不加以討論。」錢穆所指出的問題，是傳統知識體系强調「通」，文史哲不分家，最崇尚通儒，而現代學術講究專業分科，各司其職，以至於讀不通古籍呈現的整體性知識思維。姚名達在撰寫中國目録學史的時候，對西力東漸，西潮帶來的翻譯著作及新知新學，也有類似的感慨：「四部分類法，不合時代也，不僅現代爲然。自道光、咸豐允許西人入國通商傳教以來，繼以派生留學外國，於是東西洋洋籍逐年增多。學問翻新，迴出舊學之外。目録學界之思想不免爲之震蕩。」這種對學術體系發生重大變化的觀察，反映了中國學人從晚清一直到民國，夾在東西方兩種不同思維體系的衝突中，身歷其境的切身感受，因此感觸良多。

二十世紀上半葉最能代表中國學術的通儒是王國維與陳寅恪，他們浸潤了經史子集的四部知識傳統，承繼乾嘉篤實的考據學風，却都經過西洋邏輯思維與實證科學的洗禮，參與中國知識結構的轉型。對西方現代知識結構如何在中國生根發芽，不但再三致意，并且以自己的學術實踐來努力促成。王國維早在一九〇二年就寫信給張之洞，反對把經學列爲大學分科之首，而主張效法西方與日本的大學，設立哲學科，明確指出知識結構的分類不可因循傳統，而必須另起爐竈。陳寅恪在一九二五年就清華大學建制的問題，寫了吾國學術之現狀及清華之職責，指出大學的職責在於學術之獨立，而中國學術界的情況令人十分不滿，必須認真效法西方學術的體制及實踐。他説：「蓋今世治學以世界爲範圍，重在知彼，絕非閉門造車者比。」這兩位國學大師，對西方與日本的漢學研究十分注意，都是以開放態度對待域外漢學研究，集思廣益，以成其大家。

再回到「温故知新」的歷代經解，説説文化傳承的闡釋學意義。劉寶楠在論語正義中指出，上古之時，文化知識是上層統治精英的家學，不再治理實際政事的長者可以傳遞德行的知識，可以爲人師。「温故而知新」，就顯示長者不忘舊時所學，且能吸收新知，繼承并發揚這種學術與政治合一的傳統。到了孔子之時，時代出現了變化，士大夫不見得能够謹守家法，弘揚德行，也不一定能够「爲師」了。孔子之後，世變日亟，「道術爲天下裂」，文化知識不再爲少數統治精英所壟斷，也不必然與治理政事有關，學術在民間百花齊放，百家争鳴。但是，學術知識發展的脈絡基本未變，仍然是要温故知新，進德修業。從劉寶楠不經意的闡釋中，可以看到時代變遷影響了學術文化的内容，改變了知識結構的體系，但其内在發展的理路仍舊，還是需要舊學與新知的融合，才能有所發展。

劉寶楠還引述了劉逢禄的解釋：「故，古也。六經皆述古昔、稱先王者也。知新，謂通其大義，以斟酌後世之製作，漢初經師皆是也。」劉寶楠贊成這個説法，并指出，漢唐人解釋「知新」，大多數都沿用此意。也就是説，舊學是傳統的知識結構體系，新知是時代變化出現的新知識，必須相互斟酌，才能發揮得宜。至於如何對舊學「通其大義」，就見仁見智，各有説法了。從這個通達的詮釋來討論近代西學東漸的情況，我們可以看到，「温故而知新」在民國學人的心底，是産生「傳統」與「現代」糾葛的心理陷阱，不易跨越。若依照朱熹的説法，「學能時習舊聞而每有新得，則所學在我而其應不窮」，雖然在哲理上可以模模糊糊説通，但在清末民初的具體歷史環節，西學的新知屬於完全不同的知識體系，在原有的舊學脈絡中，根本無從立足，如何「其應不窮」？所以，真要放之四海而皆準，提升「温故而知新」的普世意義，以理解域外漢學譯著與近代學術知識體系變遷的文化史意義，我們認爲，皇侃、邢昺，一直到劉寶楠的闡釋，是比較合適，並與現代文化闡釋學的説法相近。

伽達默爾（Hans-Georg Gadamer）在他的名著真理與方法中，説到認知理性與文化傳統的關係，特别指出，人們通過理性，來判斷歷史文化中事實的真相，但是人的理性與生存環境息息相關，與傳統所衍生的豐富文化底藴有關，不可能完全超越文化傳統的思維脈絡。他認爲，人生活在文化傳統之中，就不可能「遺世獨立」，以全能超越的抽象思辨來認識傳統，甚至是批判或顛覆傳統。傳統是歷史文化延續與傳承的表徵，不會一成不變，而我們的認知理性也會因時代變遷，而不斷重新詮釋傳統。伽達默爾的闡釋學以西方文化傳統爲例，説明新知如何納入傳統，而使文化傳統生機不斷，生生不息，與中國歷代經學家的説法（朱熹除外），有异曲同工之效。以此觀照民國時期的漢學譯著，我們認爲，這批學術新知傳入中國，對中國文化傳統的繁衍與發展，實有承先啓後之功。

近代海外漢學名著叢刊的出版，最值得感謝的是南兆旭先生二十多年來搜羅的執着與努力。雖然這套叢刊不能窮盡民國時期的漢學譯著，但是，能滙集上百册自一九四九年以來在國内不曾重印的學術著作，再度公之於世，總是功不唐捐的大功德。忝爲本叢刊的主編，我面對這批民國學術材料，先是感到紛雜無章，有些原作者的學術素養也難副當前的學術標準，甚爲猶豫。後轉念一想，這是上個世紀中國最紛亂時期的學術記録，也是民生凋敝，國勢隤危，内亂外患交加之際，仍有許多學者孜孜矻矻，戮力翻譯域外漢學，爲中國學術的傳承拓展新知的坦途，不禁肅然起敬，開始用心整理分類。掛一漏萬，在所難免，好在有學殖豐贍的静友擔任分卷主編，並撰寫各分卷前言，實在是衷心銘感。有傅杰教授負責「歷史文化與社會經濟」、戴燕教授負責「古典文獻與語言文字」、霍巍教授負責「中外交通與邊疆史」，吾道不孤矣。在整理編輯過程中，周威先生費心最多，也是我要衷心感謝的。

道術之存亡，全在人心之嚮背。這批民國漢學譯著重新問世，對我們生長在承平之世的學人，應當有激勵的作用，爲學術研究多盡份力，讓中國學術發展更上一層樓。

鄭培凱

二〇一五年七月

前言

在中國近現代學術史上，一個重大的轉折時期出現在清末民初，中國文化和中國學術幾千年來所積澱的自負和驕傲，受到前所未有的衝擊和挑戰。這種壓力既來自外部，也來自於內部，既包含着一個古老民族對於西方列强從政治、軍事、經濟、文化等各個方面强勢壓迫的自然反抗，也有着當時學人從學術傳統、研究範式、價值取嚮、材料方法等深層次的理性思考。在這樣一個大背景之下，陳寅恪先生因主張「一時代之學術，必有其新材料與新問題」而著稱於世，傅斯年先生也因倡導「上窮碧落下黄泉，動手動脚找東西」而聲名顯赫。其實，傅斯年先生這句名言的出處是在他撰寫的歷史語言研究所工作之旨趣一文當中，在講這句話的前面，他還有很長的一段話比較了當時中西學術發展出現的差距，并且指出了學術發展的三項標準：

（一）凡能直接研究材料，便能進步。凡間接的研究前人所研究或前人所創造之系統，而不能繁豐細密的參照所包含的事實，便退步。（二）凡一種學問能擴張他研究的材料便進步，不能的便退步。西洋人研究中國或牽連中國的事物，本來没有很多的成績，因爲他們讀中國的書不能親切，認中國事實不能嚴辯，所以關於一切文字審求、文籍考訂、史事辯别等等，在他們永遠一籌莫展。但他們却有些地方比我們範圍來得寬些。我們中國人多是不會解决史籍上的四裔問題的，丁謙君的諸史外國傳考證，遠不如沙萬君之譯外國傳、玉連之解大唐西域記、高幾耶之注馬可波羅遊記、米勒之發讀回紇文書，這都不是中國人現在已經辦到的。凡中國人所忽略，如匈奴、鮮卑、突厥、回紇、契丹、女真、蒙古等問題，在歐洲人却施格外的注意……（三）凡一種學問能擴充他做研究時應用的工具的，則進步，不能的，則退步。……西洋人做學問不是去讀書，是動手動脚到處尋找新材料，隨時擴大舊範圍，所以這學問才有四方的發展，嚮上的增高。[一]

他這裏所强調的材料的擴充、方法的進步，尤其舉出研究中國「四裔問題」上西方學術界的重視與所獲成績的例子，實際上都暗含着兩層意思在內：其一，是倡導重視除文獻材料之外地下材料的出土，號召學人不讀死書，而要「動手動脚到處尋找新材料」，才有可能拓展學術空間，「隨時擴大舊範圍」。西方學者古書遠遠不如中國人讀得好，却能够不斷拓展新領域，取得新成績，這是一個重要的原因。其二，是主張將研究空間從傳統的中原地區嚮着邊疆地區（亦即舊籍中的「四裔」）拓展，認爲這將是中國學術未來發展的方嚮。他尤其提到的匈奴、鮮卑、突厥、回紇、契丹、女真、蒙古等問題，都是國人重視不足，但「在歐洲人却施格外的注意」的新問題。直到今天看來，傅斯年先生所倡導的這個方嚮，也仍然具有深遠的戰略眼光。民國時期學術所受海外漢學的影響是多方面的，而其中對於中國邊疆、民族和中外文化關係等方面的研究成果尤其引人注目，也爲時人所重視，都與這個時代背景有着密切的關係。

近代以來，西方學者（包括被國人視爲「東洋」的日本學者在內）的一批學術著作陸續被翻譯成中文出版，成爲當時國人瞭解西方並從而反觀自身的一面鏡子。其中，被選入本套近代海外漢學名著叢刊的許多名

[一] 傅斯年：歷史語言研究所工作之旨趣，國立中央研究院歷史語言研究所集刊第一本第一分，民國十七年十月。

家著作，堪稱其代表之作。這當中，有對中國古代民族史進行深入研究的白鳥庫吉著康居粟特考、帕克（E. H.Parker）所著匈奴史、津田左右吉著渤海史考等名著，也有涉及中國古代民族制度文化史的箭内亘著元朝制度考、元代經略東北考等系列研究專著。尤其是在中外文化交流和關係史方面，日本學者桑原騭藏著唐宋貿易港研究、木宫泰彦著中日交通史等著作，都開啓了這個領域的研究先河，影響甚爲深遠。

這批海外漢學名著的學術特點非常突出，一方面，它們大都充分利用了豐富的中國古代歷史文獻進行精深的文本分析，體現出作者的漢學水平和深厚的古文獻根基；但另一方面，從總體的研究方法上却與傳統的中國學術大相徑庭，作者已經不再像二十四史的史家那樣仍舊站在中原王朝正統史觀的立場來觀察所謂「四裔」，進行粗綫條的描述，而是以西方考古學、人類學、社會學等全新的研究方法和理論對研究對象從歷史語言、地理環境、社會組織結構、人群遷移流動、對外文化交流等不同的層面和角度加以剖析，從而展示出前所未有的學術新格局。在這批著作中，還有一部分屬於作者實地考察的行記，如鳥居龍藏所著東北亞洲搜訪記等，無論其學術水平如何參差不齊，但都體現出西方學術界重視田野工作、擴大和豐富新材料的研究取嚮，也和當時西方學者大規模進入我國邊疆地區開展所謂「考察」、「探險」活動的歷史背景相互呼應，由此對中國學人所産生的激烈震蕩和隨之而來「敦煌學」、「西夏學」、「蒙古學」、「藏學」等新的研究領域的形成，應當説都與之不無關係。

我們不能不注意到，在這批海外漢學名著中，日本學者的著述頗豐，這個特點也反映出近現代學術史上「東洋」與「西洋」之關係。自明治維新以來，日本以「脱亞入歐」爲國家目標，不僅在政治、經濟和軍事上努力以西方爲效仿和追趕對象，在文化上也與傳統的「以中國文化爲師」的模式拉開距離，出現了學術文化上的明顯轉型。在嚮西方學術學習借鑒方面，日本的確走在了中國的前頭，甚至承擔了嚮中國「轉手」輸入西方文化的「中間人」的角色。在中國的邊疆、民族、中西交通史等方面，日本學術界和西方學術界聯繫緊密，將其對中國傳統史籍的精深理解和西方研究範式的具體實踐有效加以結合，産生出一批重量級的學術成果，這也是清末民初投射在中國學術史背景上的一個濃重剪影。

當然也無須諱言，由於時代的局限，這套叢書所能够借以參考、使用的實物史料隨着地上地下考古文物的不斷發現，已經顯得落後。自二十世紀五十年代以來，中國學者在邊疆考古領域取得了重要的成績，尤其是在新疆、西藏、内蒙古、東北各地的田野工作爲匈奴、鮮卑、粟特、吐蕃、突厥等若干古代民族問題的研究都提供了大量新材料，提出了不少新問題。但是我們不能苛求前人，放在當時的歷史背景之下來看，叢書作者所顯現的問題意識、史料運用和研究方法，至今也仍然是具有借鑒作用的。

最後我們還應注意到，這批海外漢學著作的譯者有些是國人知曉的史學名家，如向達先生、趙敏求先生、方壯猷先生等，他們均具有深厚的傳統國學根底，也具有寬廣的國際視野，其中如向達先生曾遊學歐洲多國，在敦煌學、中西文化交流史研究等方面建樹卓越。但是，也還有更多的編譯者今天已經不再爲人知曉，這反而證明了一個事實：在清末民初這個中國近現代學術史轉型時期，西方學術所帶來的衝擊和影響，不僅僅波及少數學術精英，而且也深刻地震蕩着社會各個階層，中國人嚮西方學習從而變革求新、救亡圖存的强烈願望，可以説是這些譯著當年問世時最爲直接的「催生劑」。今天，在中華民族爲實現偉大的民族復興和「中國夢」的美好願景而努力奮鬥的新時代，重讀這套叢書，「温故而知新」，可以説是意味深長。

四川大學教授、博士生道師、教育部長江學者特聘教授

霍巍

作者簡介

著　者

藤田豐八（一八六九年—一九二九年），日本德島縣人，日本東洋史學家，南海史、西域史學家，文學家。他從清末至民國在中國工作長達十七年。一八九八年與羅振玉共謀，於上海創辦東文學社，教授中國學生日文，同時翻譯日本出版的有關中國的新書。他通過教授課程、編輯雜誌、翻譯書籍及參與教育改革，爲我國引入和傳播西方農學、物理學及教育管理模式做出了一定的貢獻，對推動中國教育近代化和農業近代化發揮了一定的作用。

譯　者

楊鍊，二十世紀二十年代曾在日本陸軍經理學校留學。經他翻譯的日本漢學著作有張騫西征考、唐宋貿易港研究、中國歷代社會研究、西域研究、西北古地研究、長安史迹考、東亞文化的曙光、古物研究、西南亞細亞文化史等。

目錄

西域研究

一　扜泥城與伊循城

據漢書卷九六西域傳載：「鄯善國本名樓蘭，王治扜泥城」又昭帝元鳳四年(B.C.77)大將軍霍光，遣傅介子刺殺其王，而立其降漢之王弟爲新主。據同書西域傳記其由漢歸國曰：

王自請天子曰：身在漢久，今歸單弱，而前王有子在，恐爲所殺。通考引殺作拒國中有伊循城，其地肥美，願漢遣一將屯田積穀，令臣得依其威重。於是漢遣司馬一人，吏士四十人田伊循以塡撫之。其後更置都尉伊循官置，始此矣。

按當時此國王都之扜泥城，固當孔道，至於伊循城，自亦相同。據同書卷七九馮奉世傳載曰「使持節送大宛諸國客至伊脩城。」關於脩與循之異同，後世有論之者。惟此伊脩城之爲西域傳之伊循城，殆無疑義。至於扜泥城與伊循城之位置，據北魏酈道元之水經註卷二中引釋氏西域記曰：

且末河東北流，逕且末北，又流而左會南河。會流東逝，通爲注濱河。注濱河又東逕鄯善國北治伊循城，故樓蘭之地也。……其水東注澤，澤在樓蘭國北。扜泥城其俗謂之東故城。

按上文中之且末，爲今之 Charchan，而且末河，卽今之 Charchan（卡牆）河也。注濱河與 Charchan 河及塔里木河相會而有以下之河名。按澤，爲鹽澤（蒲昌海）卽今之 Lob-nor，是所謂伊循城，應在扜泥城之西。徐松已於漢書西域傳補注卷上中根據水經注之文而言曰：「是伊循在樓蘭國西界」。然至近時，斯坦因（Aurel Stein）氏於其第二次西域考古學的探檢後，依據水經注及其他中國史籍所傳，推定伊循城爲今之 Charkhlik oasis，扜泥城乃屬其東方之 Miran 廢墟焉。㊀

然此與唐代文獻所傳，全屬相反，殊堪驚異。查斯坦因氏在燉煌千佛洞所發見而推定其爲沙州都督府圖經之斷片抄本㊁上載：

石城鎮，東去沙州一千五百八十里，去上都六千一百里。本漢樓蘭國。漢書西域傳云：地沙鹵、少田、出玉。傅介子既殺其王，漢立其第，（弟）更名鄯善國，隋置鄯善鎮。隋亂，其城遂廢。貞觀中，康國大首領康艷典東來居此城，胡人隨之，因成聚落，亦曰典合城。其城四面皆是沙磧。上元二年改為石城鎮，隸沙州

屯城，西去石城鎮一百八十里。鄯善質子尉屠耆歸，單弱，請天子，國中有伊循城，地肥美，願遣一將，屯田積穀，得衣（依）其威重。漢遣司馬及吏士屯田伊循以鎮之，即此城是也。胡以西有鄯善大城，遂為小鄯善，今屯城也。

又曰：

鄯善城周迴一千六百卌步，西去石城鎮廿步，漢鄯善城，見今摧壞。

然則漢之伊循城，乃唐之屯城，而扜泥城，即其石城鎮也。若屯城果在石城鎮之東一百八十里，則伊循城應居扜泥城之東一百八十里矣。關於此兩城之位置，其與水經注所載者東西全屬相反。不過，此抄本之跋文記載：「光啓元年十二月廿五日，張大慶因靈州安慰使嗣大夫等來至州，於嗣使邊，（處。：）寫得此文書記」。此固為抄本書寫之年月，非纂輯之年月也。又推定與此書為同樣之斷

片者，爲伯希和(Pelliot)氏燉煌發見之抄本。㊂苟通覽此兩抄本書中紀年，未及開元九年(A.D. 721)以後，且因唐諱作虎爲武，四民作四人，隆作隆，基作其等等推察之，殆屬開元年間物，至遲亦係天寶年間所成，決非肅、代以後之物也。㊃因此，見於新唐書卷四三下地理志：貞元宰相賈耽所傳之西域通路，關於此方之記事，似頗據此書者，其文如下：

又一路，自沙州壽昌縣西十里至陽關故城，又西至蒲昌海南岸千里。自蒲昌海南岸，西經七屯城，漢伊脩城也。又西八十里至石城鎮，漢樓蘭國也，亦名鄯善，在蒲昌海南三百里，康艷典爲鎮使，以通西域者。

就大體言，與上引斯坦因氏文書相同，但「七屯城」之七，或如伯希和氏所指摘，蓋因誤看屯字，而另加七於屯上者。至於「西八十里」一句，顯係脫落一百字無疑。㊄況賈耽所傳，緊接前文而言曰：

又西二百里至新城，亦謂之弩支城，艷典所築。又西經特勒井，渡且末河，五百里至播仙鎮，故且末城也，高宗上元中更名。

惟在斯坦因氏文書中，則載：

新城 東去石城鎮二百卌里康艷典之居善先循此城因名新城漢爲弩之城

鄯

幡仙鎮 故且末國也漢書西域傳云去上都六千八百廿里隋置且末郡上元三年改幡仙鎮

據上所述，則水經注所傳與推定爲沙州都督府圖經之斯坦因氏發見抄本以及新唐書地理志中抄錄之賈耽所記，關於扜泥城與伊循（脩）城之位置，正屬東西相反。若以水經注所傳爲正，則斯坦因氏以伊循（脩）城爲 Charkhlik，扜泥城爲 Miran，具有相當理由；更若以斯坦因氏發見抄本及賈耽所傳爲正時，則如赫爾門（Herrmann）氏（基於格倫那爾 Grenard 氏之所見）之視扜泥城爲 Charkhlik，㊅ 亦具相當理由也。對此問題，斯坦因氏以爲水經注所傳，遙在圖經及唐書之前，故不足以解決此問題。惟此地方在唐代之前已久離中國人之手，且在圖經及其他記錄筆成時，此地早爲吐蕃所侵占，凡此皆當考慮者也。㊆ 然此種漠然之議論（姑且不論其誤謬處）抹殺圖經及唐書所傳，其理由固甚薄弱。

然則此種相反之論證，究應如何解釋耶？唐初此地以石城鎮爲中心，在其東方百八十里處，有所謂屯城（七屯城）者，據圖經以及唐書所傳，乃無疑之事實。然在當時，名石城鎭曰大鄯善，而屯城（七屯城）曰小鄯善，據圖經亦然。且接近石城鎭有稱爲鄯善城之廢城者，相傳爲漢鄯善城云。此豈該書編者泛空之論歟？若是以石城鎭爲漢鄯善城，卽扜泥城者，卻有相當之理由。因此，以其東方百八十里之屯城（七屯城）爲伊循（脩）城者，亦非不妥。惟石城鎭旁之廢城，果如當時所傳，而爲漢鄯善城乎？或僅古鄯善城耶？其問題，實在此矣。

實則北魏之頃，鄯善於扜泥城之外，復有東城者，卽在北魏書中，亦記及之。如據該書卷一〇二西域傳所載：「鄯善國都扜泥城，古樓蘭國也。」又據該傳敍述北魏世祖平定涼州，沮渠無諱走保敦煌，使其弟安周進擊鄯善。其文曰：

（鄯善）王比龍恐懼欲降，會魏使者自天竺、罽賓還，俱會鄯善，勸比龍拒之，遂與連戰。安周不能剋，退保東城，後比龍懼，率衆西奔且末。

按北魏書之西域傳已紛失，今所傳者，乃採自北史。惟就此記事之內容觀察，似爲北魏書之原文也。又在該書卷九九沮渠蒙遜傳末，亦記載同樣之事實，且見有東城之名。夫安周之進擊鄯善，固係由東而西，且所謂「退保東城」者，可知當時鄯善王都於此城之西方也。試更由：「會魏使者自天竺、罽賓還，俱會鄯善。」復曰「後比龍懼，率衆西奔且末。」等記錄觀察，益覺其然焉。換言之，鄯善城在東城之西方，當時之鄯善城與東城，卽唐代之石城鎭與屯城（七屯城）。就方位上言，實頗符合。予輩以爲圖經中以石城鎭爲漢鄯善城，所謂漢鄯善城者，或卽北魏時代之鄯善城歟？

誠然，如前所述北魏書所載：「鄯善國都扞泥城，古樓蘭國也。」若果信任此記載無誤，則北魏時代之鄯善城爲漢之鄯善城，卽扞泥城是也。惟予輩對此，猶有異議焉。如前所引用者，北魏人酈道元，其在水經注中，註於鄯善國曰：「治伊循城，故樓蘭之地也。」已明言之矣。然則北魏時代，此國之都城非扞泥城，當爲伊循城也。換言之，沮渠安周攻伐此國時，國王比龍之都城，非扞泥城而爲伊循城，卽當時之鄯善城也。又酈道元曰：「扞泥城，其俗謂之東故城。」此卽安周「退保東城」之東城。以其在東，故稱東城；復以之爲漢代之故都，故名故城，實則卽扞泥城之謂也。然則酈道元所傳，固與歷史的事實相吻合，且北魏書之編者曰：「鄯善國都扞泥城，古樓蘭國也。」此爲中國史家之通病，襲前史之文，而不顧其時其地之變遷。例如此文，不過略一改纂漢書所載「鄯善國，本名樓蘭，王治扜泥城。」耳但圖經之編者，以北魏時代之鄯善城，（卽伊循城）根據傳說，而爲漢代之鄯善城，顚倒東西之位置，擬爲石城鎭矣。苟以北魏書之記載無批判而解釋之，則縱如賈耽之博識，亦必陷入此誤謬中。

又關於此伊循與伊脩（脩），擬費一言。如前所述，漢書西域傳及水經注中，對此城名作伊循；而漢書馮奉世傳及沙州都督府圖經、唐書地理志中，則作伊脩（脩）。徐松於其漢書西域傳補注上卷中，記曰：

按淮南俶眞訓，處士脩其道，御覽引，脩作循，後書獻帝紀吳脩，袁紹傳作吳循，循脩雙聲字。

此說，固有一面理由。但脩在昔常作脩字，蓋因其與循字之字形，頗相類似也。王念孫於其讀書雜志卷三之五中，言「隸書循脩二字相似」一節，舉例甚夥。其文曰：

繫辭傳：損德之脩也。釋文曰：脩、馬作循。莊子大宗師篇：以德爲循。釋文：循、本亦作脩。史記曆書：朕唯未能循明也。漢志循作脩。商君傳：湯武不循古而王。索隱曰：商君書作脩古。漢北海相景君碑陰：故脩行都昌台邱暹。金石錄曰：案後漢書百官志注，河南尹官屬有循行一百三十人。而晉書職官志：州縣吏皆有循行。今此碑陰載故吏都昌台邱暹而下十九人，皆作脩行。他漢及晉碑數有之，亦與此碑陰所書同。豈循脩字畫相近，遂致訛謬耶？隸續曰：循脩二字隸法只爭一畫，書碑者好奇，所以從省借用。

蓋伊循與伊脩，因字畫近似，得視爲其中某一之誤。但究竟以何者爲正？何者爲誤？則以今日不知此城之原名，無法決定，乃屬遺憾耳。

〔註〕 ㈠ Serindia, Vol. I, PP. 318 Sq.

㈡ MS.Ch. 917. 根據東洋文庫所藏影片。

㈢ 予所藏之影印本，及羅振玉刻沙州圖經。

㈣ 羅振玉，沙州圖經跋。

㈤ Le" Cha tcheou tou tou fou t'ou King" et la Colonie Sogdienne de la région du Lob Nor (Journal Asiatique, **Janvier-Février** 1916)

㈥ Die alten Seidenstrassen, S. 100 及其附圖。

㈦ **Serindia**, Vol. **I**, P, 327.

二 扜彌與 Dandān-Uilik

由現今之 Niya oasis,沿 Niya 之河床,北去約七十五英里,其處有所謂 Niya site 者,謂卽漢時之精絕國。此說乃創自格倫那爾氏,其後有赫爾門氏和之。⊖ 迨至一九〇一年,斯坦因氏再度在此地試行發掘,遂得見遺物及文書頗夥,⊖ 此說亦因是而略得確定。予輩在此固無異論,但關於前漢書之扜彌,與後漢書之拘彌所在,予輩深感從來學者所說之不足焉。

此國名,始見於史記卷一二三大宛傳:「大宛……東則扜罙、于寘」之扜罙,其在集解中,則載:「徐廣曰:漢紀曰拘彌國去于寘三百里。」按漢紀一書,固不待言,乃荀悅所著。但據漢書卷九六西域傳,其國都與國名同爲扜彌,由精絕西至扜彌,計四百六十里;再自此國西通于闐,凡三百九十里。惟在後漢書卷一一八西域傳中,以此國名,與漢紀相同,而作拘彌。其都城則稱寧彌,且在漢書此國之傳末,亦見:「今名寧彌。」蓋在班固時(卽後漢之時),不僅都城,卽國名亦稱拘彌或寧彌也。然在當時,其國屢蒙于闐之侵略，恃漢人支持，始得苟延殘喘。及至三國時代，以國勢衰弱，卒爲于闐屬國之一，其事，魏略㊂記載之。

考究此國之所在，其應參考者，以宋雲行記㊃爲最古。據此記所載：由左末（且末）城西行一千二百七十五里，至末城；由末城西行二十二里，至捍麼城；由捍麼城西行八百七十八里，而至于闐國。復據大唐西域記卷十二曰：由于闐東行三百餘里，至戰地；由戰地東行三十餘里，至媲摩城；由此渡過媲摩川，東入沙磧，計行二百餘里，而至尼壤城。查宋雲行記之里數，固難立信，惟其對於捍麼城南十五里處之丈六佛像記曰：「人有患，以金箔帖象所患處，卽得陰愈。」此與西域記中媲摩城之彫檀立佛像所載：「凡有疾病，隨其痛處金薄帖像，卽時痊復。」完全相同。職是之故，一般學者俱謂行記之捍麼城，卽西域記之媲摩城也。

次據新唐書卷四三下地理志，抄錄貞元宰相賈耽之所傳曰：

于闐東三百里，有坎城鎭。東六百里，有蘭城鎭。南六百里，有胡弩鎭。西二百里，有固城鎭。西三百九十里，有吉良鎭。

復敍且末至于闐之行程曰：

又西經悉利支井、祆井、勿遮水、五百里于闐東蘭城守捉。又西經移杜堡、彭懷堡、坎城守捉三百里至于闐。

按守捉與鎭同義，所謂坎城守捉者，卽坎城鎭。由此而西至于闐之里數，計三百里。坎城守捉之坎字，試將以上兩文對照觀之，顯係坎字之誤。惟此坎城鎭對於于闐之方位及里數，一般學者以之擬作西域記之媲摩，則自與宋雲行記之捍麼爲同地矣。且如故沙畹(Chavannes)教授所考斷㊄漢之扜彌、拘彌，由其大體上之位置論，卽西域記之媲摩，新唐書之坎城鎭，學者大抵依從此說。但西域記之媲摩 Bhima, 新唐書之坎城鎭，實如斯坦因氏所言，謂卽現今 Chira oasis 北端約十二英里處之 Uzun-Tati (the distant Tati), 或其附近。㊅（此固尚有如韓廷頓 Huntington 之異說㊆）而見於 Mahmūd Karam Kābuli 傳說中之 Kenhān 城，殆亦指此。㊇新唐書之坎城，恐此 Kenhān, 卽其對音也。不過漢代之扜罙、扜彌、拘彌是否與唐代之媲摩、坎城爲同一地方，猶多疑義焉。因此，新唐書地理志中抄錄賈耽所傳，除上引關於坎城鎭（坎城守捉）之文以外，復記：

有寧彌故城，一曰達德力城，曰汙彌國，曰拘彌城。于闐東三百九十里，有建德力河。東七百里，有精絕國。

其與上文類似者，如同書西域傳卷二二上所記：

于闐東三百里，有建德力河。七百里，有精絕國。河之東有汙彌，居達德力城，亦曰拘彌城，卽寧彌故城，皆小國也。

按此文似基於賈耽之傳說，若然，則三百里一語，應視作三百九十里矣。至若汙（扜）彌、拘彌、寧彌等，固屬漢代之國名，惟降至唐代，是否尙留存此地名，雖有疑義，然當時有所謂達德力城者，賈耽究何所據而以之視作漢之扜彌、拘彌、寧彌，殆無可疑。賈耽旣兩次舉述于闐東之坎城鎭（坎城守捉），同時，復另舉達德力城，據此而觀，卽以之視作坎城鎭，實有未合。然則所謂達德力城者，究在何處？豈非一九〇一年斯坦因氏掘得許多遺物與文籍之 Dandān-Uilik 耶！因此，漢代之扜彌、拘彌、寧彌，卽指此地。其當時之孔道，較之唐代，似遙偏於北方也。

按 Dandān-Uilik，此地之言語，卽爲突厥語，乃 the houses with ivory 之義。㊈ 其名雖起

於此地之佛寺，（其廢址，根據斯坦因氏之發掘）但以 danda 視作 ivory，故與梵文之 danta 爲同義，而 Dandān-Uilik 者，應卽梵文之 Dantaloka 之訛也。按梵文上，對於 Lōka，爲「家」之義。例如中國以 Dēva Lōka 譯作天宮卽是。⊕若 Dandān-Uilik 旣爲梵文之 Dantaloka 時，則應爲健馱邏（Gandhāra）國之山名。據大唐西域記卷二所載：

跋虜沙（Palusha）城東北二十餘里，至彈多落迦（Dantalōka）山。⊕嶺上有窣堵波，無憂王所建，蘇達拏（Sudāna）太子於此棲隱。

蓋係借用健馱邏地方之山名，而爲此地之寺名者，且西域記中所載于闐東三百三四十里之媲摩城及媲摩川之媲摩，亦係由健馱邏地方借用而來者也。據西域記卷二載：

跋虜沙（Purushapura）城東北五十餘里至崇山，山有青石大自在天婦像，毗摩天女也。

按此毗摩與媲摩，均爲 Bhima 之對音也。

前述 Dandān-Uilik 爲梵文之 Dantalōka 之訛，據克銀漢（Cunningham）氏，謂健馱邏之 Dantalōka 山，殆卽 Justin 之 Montes Dædali 也。該氏之說明，實用口語中 danta

一語之鼻音，與其次之字同化，於是重疊而成爲有齒木意義之 datton 矣。㊀予輩雖不知爲何以 Dantalōka 爲 Khotanese，然知在梵文上之 danta 又云 dat，在 Prakrit 上專云 dat 焉。然則此與新唐書所傳達德力城之名稱，當益近似矣。

又就其與他國距離關係論，漢代之扜彌，拘彌，寧彌，與唐代之媲摩，兩者似頗相異。依據漢書，扜彌國東距精絕四百六十里，西通于闐三百九十里。（漢紀作三百里）然據西域記，由于闐東至戰地三百餘里，再由戰地東至媲摩三十餘里。若是，則由于闐至媲摩之距離，約計三百四十里，而于闐至扜彌爲三百九十里，與此固不大差。然在西域記中，由媲摩東至尼壤之距離爲二百餘里，而扜彌與精絕之距離爲四百六十里，兩者相較，前者猶不及後者之半。苟以精絕爲 Niya site，扜彌爲 Dandān-Uilik 時，則其間距離，與 Dandān-Uilik 至于闐之里數，略相等，且與漢書所傳，亦無大差也。

再據斯坦因氏發掘 Dandān-Uilik 所得之公文書中，見有傑謝之鎮名。㊁其一上載大曆三年三月二十三日，另一爲大曆十六年二月六日。所謂大曆，固不待論，爲唐代宗之年號。按傑字，雖不見現今中國字書中，然據霍爾恩拉(Hoernle)氏之說，恐應讀作傑；而沙畹氏，則採慎重態度，謂應待此地名，發見於中國文獻中始得明瞭依列字之音，呼之為 Li-sie (Li-hsieh)。然伯希和氏於燉煌千佛洞中所發見沙州都督府圖經之廢驛條內，見有王孝傑一名。其文曰：

又奉今年〔證聖元年〕二月廿七日敕，第五道中總當十驛，擬供客使等食，付王孝傑，并瓜州沙州，審更檢問。

據唐書卷一一一王孝傑傳記有「證聖初，復為朔方道總管，與吐蕃戰，不利免。」又同書卷四本紀載王孝傑之任朔方行軍總管，為證聖元年，(A.D.695) 所以攻擊突厥耳。同七月，任肅邊道行軍大總管，以攻吐蕃。次年（萬歲通天元年）三月，與吐蕃戰而敗績。然則圖經之王孝傑，實為王孝傑。傑復作傑也。按傑字之夕作歹，例如隋龍山公墓誌中以傑作傑，即是。⑭又圖經以㐄作寸，以寸作刂之例，如唐魏公先廟記書冠為冠。⑮可見傑亦可作傑與傑焉。

若傑果為傑之別字，則傑謝當為 Kie-sie 或其近音也。周書卷五〇異域傳于闐國條記載：

城東二十里有大水北流，號樹枝水，即黃河也；城西十五里，亦有大水，名達利水，與樹枝俱北流，同會於計戍。

此計戍，北史（北魏書）作計式，通典作計戍，計首。蓋戍、式、戍三字，形相似，想其中某二者屬於譌訛。總之，試觀通典所舉一名計首之句，則此河名在聲音上，漸與傑謝（傑謝）相近矣。⑧由是而論，此鎮之名，或即由此河名而生。然大曆以後，相隔不久之貞元宰相賈耽，竟不傳此者，實可異焉。

［註］① Die Alten Seidenstrassen, SS. 98 Sq.

② Serindia, PP. 211 Sq.

③ 依據三國志魏志（卷三〇）所引。

④ 北魏楊衒之洛陽伽藍記（卷五）。

⑤ Les Pays d' occident d' après le Wei Lio, T' oung-Pao, 1905, p.538, n. I 及 Stein, Ancient Khotan, (Appendix A) P. 522.n.5

⑥ Ancient Khotan, PP. 452 Sq.

⑦ The pulse of Asia, PP. 387-8. 氏以媲摩爲 Keriya。如僅就里數言，此說似善。

⑧ Ancient Khotan, P. 463.

⑨ Ancient Khotan, P. 236.

(十) Eitel, Hand-book of Chinese Buddhism, P.42.

(十一) Julien 以彈多落迦還原為 Dantalōka 惟舊譯作檀特 Watters 謂應還原為 Danda. on **Yuan Chwang's** travels, Vol. I., P. 219.

(十二) The ancient geography of India, P. 52. 〔New ed, P. 60〕

(十三) Ancient Khotan, PP. 521-526〔Appendix A〕中載Chavannes 氏之翻譯與考訂.

(十四) 羅振玉碑別字補(卷五)

(十五) 碑別字補(卷一)

(十六) 據 Rémusat 氏謂計式還原而為 Turk 語之 Kash. Histoire de la Ville de Khotan P. 21.

三　于闐之樹枝河及達利河

于闐水中之多玉石，見於史記、漢書，惟其水名，則未傳載。梁書卷五四諸夷傳于闐國條中，始曰：

有水出玉名曰玉河。

迨至周書卷五〇下異域傳于闐國條，更詳記之曰：

城東二十里，有大水北流，號樹枝水，卽黃河也。城西十五里，亦有大水，名達利水，與樹枝俱北流，同會於計戌。

且北魏書卷一〇二西域傳于闐國條載曰：

于闐城東三十里㊀有首拔河，中出玉石。

更記曰：

城東二十里，有大水北流，號樹枝水，卽黃河也。一名計式水。城西五十五里，亦有大水，名達利水，與樹枝水會，俱北流。

此文乃採自北史，而北史原係撮拾諸史之文而成者也。是以一方雖謂城東三十里有首拔河，而他方復記城東二十里有樹枝河，可見其不知同爲一河，以名稱相異而並舉之。就實際言，在于闐之東，相隔僅十中里，決無二水並存之理。惟北史卷九七西域傳于闐條中以「城西五十五里」作「城西十五里」焉。

諸書所記于闐城東二十里之河，概作樹枝水，若首拔河與之相同，枝爲拔字之誤，而以樹拔爲正時，則不得不疑與首拔同屬一對音也。關於此疑問，根據通典卷一九二于闐條「河源出焉」之註曰：名首拔河，亦名樹拔河；或云卽黃河也。北流七百里入計成水，一名計首水，卽葱嶺南河，同入鹽澤。

自能瞭然。蓋明作樹拔，一名首拔也。而北史（北魏書）謂首拔河中產玉石。然則此卽梁書所謂玉河也。此河乃新五代史卷七四四夷附錄于闐國條所載高居誨行記中之白玉河，卽今之玉瓏哈什(Yurung Kāsh) 河也。按 Yurung Kāsh 乃爲突厥語，意卽白玉河。因此，首拔、樹拔自不得不想及爲與玉有緣之語也。

試觀玄應之一切經義卷二解釋大般涅槃經卷一之頗梨曰：

西國寶名也，梵言塞頗胝迦，亦言頗胝，此云水玉，或曰白珠。大論云：此寶出山石窟中，過千年，冰化爲頗梨珠，此或有也。案西域暑熱無冰，仍多饒此寶，非冰所化也，但石之類耳。胝音竹尸反。

（同書卷六妙法蓮華經復見於第一卷中）

按塞頗胝迦乃爲梵文之 Sphāṭika 對音。略稱婆致迦，亦名頗胝或頗梨，實卽 rock-crystal，乃屬佛家七寶 Sapta ratna 之第四也⑩。予輩擬以首拔、樹拔 Su pat 爲此 Sphāṭika 之對音。然則高居誨名之曰白玉河，不僅與現今玉瓏哈什河相符合，且在西藏所傳此國歷史中亦有 U-then-gyi Shel-tchab 一名，殆指此河而言，依 Shel-tchab 文字譯之，卽 Crystal 之義也。⑪

其次，在于闐王城西五十五里（北史作十五里，殆脫落五字）有名達利河者。據高居誨行記曰：

東曰白玉河，西曰綠玉河，又西曰烏玉河，三河皆有玉而色異。每歲秋水涸，國王撈玉于河，然後國人得澇玉。

觀此文似原非高居誨行記之文，據文獻通考卷四二于闐國條，宋建隆二年李聖天所遣之使者言曰：

國城東有白玉河，西有綠玉河，次西有烏玉河。源出崑崙山，去國城千三百里。每歲秋水小之後，國人皆取玉於河，謂之澇玉。官取之後，方許私取。

由此可知新五代史之編者，以此使者之言，並載於高居誨行記中者。然烏玉河由其名稱言，乃與現今喀喇哈什 Kara Kāsh 河相同。此外若有所謂綠玉河時，則其河自當介於玉隴哈什與喀喇哈什兩河之間，惟現由實際情形推察，大都主張綠玉及烏玉爲喀喇哈什河，豈非綠玉河與烏玉河乃互稱者耶。然則周書，北史（北魏書）所載之達利水，似以視作喀喇哈什河爲宜。要之，達利水亦在于闐國城之西，而綠玉河亦然，若皆離城不遠，則達利水殆卽綠玉河。所謂達利，豈非緣於綠玉而得名耶。是以予輩以此名與塞頗胝迦相同，爲佛家七寶之一 Vaidūrya 之略譯也。按玄應一切經音義卷二三攝大乘論卷十瑠璃中註曰：

吠瑠璃也，亦云毗瑠璃，又言鞞頭梨，從山爲名，謂遠山寶，遠山卽須彌山也。此寶青色，一切寶皆不可壞，亦非煙焰所能鎔鑄，唯鬼神有通力者能破之爲物。或云：是金翅鳥卵殼。此實鬼神破之，以賣與人也。

此鞞頭梨之鞞，省略作頭梨，與達利酷似，豈現今之瑠璃，即此鞞（毗）之略形耶？而後世一般通用之。

按 Vaidūrya，在 Prakrit 謂 Velūriya，馬來語之 baiduri，及 biduri，原爲希臘語之 βήρυλλος，拉丁語之 beryllos，英法語之 beryl，皆此之轉訛也。此物在印度以外，極稀，爲綠色或青綠色非常堅硬之寶石。如普林尼 (Pliny) 所謂：「色碧如海水，質硬可與 emerald 相爭」焉。㊃此物產於南印度，在西元一世紀前後，羅馬以之爲金幣，而行交易者甚盛。即在中國漢武之南海遣使，實爲獲得此等寶石者也。此物雖未聞產於于闐，然如一切經音義所云：據佛教傳說，謂之遠山寶，若遠山即須彌山，則此物即附會於發源崑崙山，而產於于闐河中之綠玉也。迨乎後世，名葱嶺爲 Belurtag，而 belur 即 Vaidūrya 之 Prakrit (velūriya) 此不過展轉變化之名稱而已。

〔註〕㊀ 近刻本，每作首字。但元刻本，則作首，實與北史之作首相符合。

㊁ Eitel, Hand-book of Chinese Buddhism, P. 156.

㊂ Rockhill, The Life of the Buddha, P. 235 n. 2. 但Rockhill氏謂Shel-tchab，又作 Shel-tchu,, 當非音譯。至其旁證，如 Rémusat 氏，雖謂爲 Chu-tchi 但此爲楢枝之音譯，乃楢拔之誤也。按 Rémusat 之譯文，見 Histore de la Ville de Khotan, P. 20.

㊃ Yule and Burnell, Hobson-Jobson, New Ed. PP. 88-9.

四 薩寶

回憶明治四十四年，予輩在北京，思箋釋慧超傳閱隋書卷八三西域傳康國云：「都於薩寶水上阿祿迪城」始見薩寶二字，與宋敏求長安志卷十南布政坊西南隅胡祆祠註云：「武德四年立，西域胡祆神也。祠內有薩寶府官，主祠拔神，亦以胡祝充其職。」之薩寶相合，或疑薩寶係薩寶之譌；時王君國維特為予輩提出不然之左證。其所舉例有以下數條：

隋書卷二八百官志（通典卷三十九載隋官品令同）

流內視品十四等

雍州薩保視從七品

諸州胡二百戶已上薩保為視正九品

通典卷四十職官二二大唐官品

視流內

視正五品　薩寶○視從七品　薩寶府祆正

視流外

勳品　薩寶府祓祝　四品　薩寶率府　五品　薩寶府史

唐書卷七五上宰相世系表（鄭）行諶薩寶果毅

又卷七五下載：

武威李氏，本安氏。……後魏有難陀孫婆羅，周隋間居涼州武威，爲薩保。

又上舉通典中於「薩寶府祆正」下，註曰：「祆呼煙反，祆者西域天神，佛經所謂摩醯首羅也。武德四年，置祆祠及官，常有羣胡奉事，取火呪詛。」若就「祆呼煙反」而言，則祆明爲祆字之誤。又長安志之記載，多半係據唐韋述之兩京新記，惟兩京新記僅記：

東北隅右金吾衞，西南隅胡祆祠，武德四年所立。西域胡天神，佛經所謂摩醯首羅也。

而不見有「祠內有薩寶府官」之句。當時予雖對於戴孚禮 (Devéria) 氏以薩寶還原於敍利亞語之 Sābā (Vieillard ancien) 一說，表薩⊖ (Sat, Sar,) 爲 Sa, 終難贊成。其後歸朝，閱及伯希和氏之 Le Sa-pao 一論文，知其已於明治二十九年時，在通典、兩京新記、長安志以外，引用舊唐書卷四二職官志所記：

流內九品三十階之內，又有視流內起居五品，至從九品。初以薩寶府、親王國官、及三師、三公、開府、嗣郡王、上柱國已下，護軍已上，勳官帶職事者，府官等品。開元初，一切罷之。今唯有薩寶、祆正二官而已。又有流外，自勳品以至九品，以爲諸司令史、贊者、典謁、亭長、掌固等品。視流外，亦自勳品至九品。開元初，唯留薩寶祆祝，及府史，餘亦罷之。

惟該氏亦採戴孚禮氏之 Sābā 說，並無獨自之見解也。⊖ 不過，因其引用舊唐書之記載，關於唐之薩寶及薩寶府官，得明證通典所傳之正確矣。降至近世，勞菲耳 (Laufer) 氏排擊戴孚禮氏敍利亞語 Sābā 之說，表薩爲 Sā 不僅適合唐代音譯之法則，且謂波斯人對於自己神聖之制度，用敍利亞語爲無理由，而以薩寶想定爲中世波斯語 Sad-(Sar)pav 之對音。然此語由古代波斯語

之 xšaθra-pāvan （xšçpava, xšaçapāvā） 而來，謂爲亞述語之 axšabarapān 或 axšad-rapān，希伯來語之 axašdarfnim，希臘語之 σατράπης 亞美尼亞語爲 Šahapand，梵文語爲 Kṣatrapa）[11] 等。

從來關於薩寶（即薩保）之資料，祇限於以上所列舉者，隋書所傳，雖爲初見，但據周書之記錄，此語，由北魏時起，已一般使用之矣。例如根據周書卷一一晉蕩公護（宇文護）傳所載：

晉蕩公護字薩保，太祖之兄，邵惠公顥之少子也。

其母閻姬被敵國齊所捕，護在周爲冢宰，身當重權，及齊帝命閻姬作書寄護，藉動其私情，護遂報以書。兩書俱載於傳中，而護之報書，有曰：

受形稟氣，皆知母子，誰同薩保，如此不孝。

又曰：

當鄉里破敗之日，薩保年已十餘歲。

復曰：

太祖升遐，未定天保，薩保屬當猶子之長。

更言：

蒙寄薩保別時所留錦袍表，年歲雖久，宛然猶識，抱此悲泣。

並對母呼己爲薩保。然則周書以之爲宇文護之字，惟如宋陸游之老學庵筆記卷五所述，可視作：「對母自稱小名」焉。陸游復與此相同者，舉述數例。蓋中國以字爲名之例甚多，故有以小名爲其字也。但據宇文護之傳載「普泰初，自晉陽至平涼，時年十七。」而其母閻姬之書中有曰：「汝身屬蛇。」若宇文護之生年，爲北魏宣武帝延昌二年癸巳時，則對於節閔帝普泰元年，計算其年十九歲。在此雖有二年之差，但總之生於北魏宣武帝延昌二年（A.D.513）之前後，毫無疑義。苟其小名，果稱薩保，則北魏之時，此語早爲人之小名，可知其廣行也。又宇文護爲當時熱心佛教之信徒，在續高僧傳卷九釋亡名俗姓宋氏之傳中，天和二年五月，載其與此僧書，計有二首，又同書卷十釋曇延傳記曰：

有陳弼使周弘正者，博考經籍，辯逸懸河，遊說三國，抗敍無礙。以周建德中年，銜命入秦，帝訝其機捷，舉朝悪彩，勅境內能言之士，不限道俗，乃搜採巖穴遁逸高世者，可與弘正對論，不得墜于國風。時蒲州刺史中山公宇文氏，夙承令範，乃表上曰曇延法師器識弘偉，風神爽拔，年雖未立，而英辯難繼者也。

次述挫敗弘正。按此宇文氏，given為宇文護無疑，惟續高僧傳敍其官爵曰：「蒲州刺史中山公」者，實屬誤謬。嚴可均已於全上古三代秦漢三國晉南北朝文編目卷七九中言之：

案弘正于天嘉元年，往長安迎安成王頊，三年，自周還。天嘉元年，值周武成二年，護爲晉公久矣。其封中山公，在魏恭帝時，則續高僧傳所稱皆誤也。弘正未嘗使齊，齊亦必無宇文氏。

然則續高僧傳所敍：「遊說三國」，及言宇文護之官爵曰：「蒲州刺史中山公」者，實誤，惟其所謂宇文氏，卽宇文護，由所傳之事實論，似可信也。

按祆教明記於中國之正史中者，始自北魏書。畢沅於其校本長安志卷十南布政坊西南隅胡祆祠中註曰：「沅按胡祆神始末，見北魏書，靈太后時立此寺。」據魏書卷十三皇后列傳，宣武靈皇后胡氏條載曰：「廢諸淫祀，而胡天神不在其列。」此「廢諸淫祀，」試觀同書卷九肅宗紀，爲神龜二年

(A.D.519)之事，其在十二月一條中載「詔除淫祀，焚諸雜神。」畢沅之註，蓋卽指此，惟覺言之似過耳。此所謂胡天神者，乃祆神之謂。中國內地祀之者，實以此爲初見。但此祆祠，謂係靈太后胡氏所立，在北魏書中未嘗見及。據北魏書所傳，靈太后胡氏之時，卽神龜二年廢淫祀之時，可知胡天神已祀於中國之內地矣。然則予輩深信胡天神卽祆神，其祀於中國內地者，決非遠超神龜年以前之事也。

今試觀北魏與伊蘭系諸國（尤其是流行祆教者）之關係，據北魏書帝紀，在世祖太延元年（A.D.435.）粟特國(Soghd)入貢，爾後數數行之。尋至高宗之太安元年（A.D.455），稱波斯Persia朝獻。此後亦傳屢次朝獻，惟悉萬斤(Samarkand)之最初入貢，乃遙在以後，爲高祖延興三年(A.D.473)之事。且世宗於太延元年以後，曾三次遣使至西域，努力招降，其取得姑臧，實在太延五年(A.D.439)。至此始將通達西域之門戶收入掌中。旋至太平眞君五年(A.D.444)擊破吐谷渾，同六年，滅鄯善，與西域之關係，遂日益親密矣。然據北魏書卷一〇二西域傳粟特國一項中載：

其國商人，先多詣涼土販貨，及克姑臧，悉見虜。高宗初，粟特王遣使請贖之，詔聽焉。自後無使朝獻。

世宗之取姑臧，乃太延五年（A.D.439）。若照西域傳所載：「其國商人先多詣涼土販貨，及克姑臧，悉見虜。」則粟特國人之詣姑臧經營商業，大概始於沮渠時代，當時旅居姑臧之此國人士，當甚夥也。但其文中有：「先多詣涼土販貨」一語，可知此國與北魏之關係，其在太延五年以前，僅止遣使來往之程度，而未販貨於北魏之領內也。此在北涼沮渠氏占據姑臧之際，即由其國策上觀察，亦屬當然。沮渠氏由其國土之位置而享受與西域之通商利益，應不致徒爲敵國所消失也。然世宗之克姑臧，捕虜粟特國人，亦在高宗之初，始聽其贖取，可視爲此國人與北魏通商之始。至其斷絕，迄於與安元二年（A.D.469）之交。大概此事對於粟特國人打擊甚大，故西域傳載：「自後無使朝獻」也。且據帝紀所記，此國於太安三年（A.D.456）與獻祖之皇興三年（A.D.469）入貢，尤爲奇妙者，爲高祖太和三年（A.D.479）與悉萬斤一同入貢。若帝紀之記錄可信時，則西域傳所載：「高宗初，粟特王遣使請贖之，詔聽焉。自後無使朝獻。」不無誤謬。若以爲高宗爲高祖之誤時，則實際在帝紀上，自高祖太和三年入貢後，迄未見此國名。即如是推定，在悉萬斤入貢以後，尚見此國名，且在高祖太和三年，此國與悉萬斤等國同年入貢者，實覺奇妙。若此所傳果屬可確，則此國在粟特地方，當爲 Samarkand 以外之國家也。其與此相合者，如唐書宰相世系表所載：

武威李氏，本安氏。……後魏有難陀孫婆羅，周隋間居涼州武威，爲薩保。

按涼州武威郡之治城爲姑臧，此地由北涼沮渠氏之時起，爲粟特國人盛行販賣之處，所謂安氏者，殆即粟特國人也。然根據北魏書（北史）周書、隋書、唐書等，以安息或安國，視作布豁、捕喝即今之 Bokhara 也。此固非漢代之安息 (Arsak Arsacidae) 但設想由北魏時起，歷經隋、唐，安之爲姓，由此而起，北魏書等所載之粟特，似係指今之 Bokhara 而言。若由此觀察，則北魏書帝紀所傳，解釋無礙也。惟高祖太和三年以後粟特之入貢，業已斷絕，僅見悉萬斤之名，蓋同一國人，前則以粟特之名入貢，後改悉萬斤者，則不得不解作爲史家之誤筆矣。

至於北魏與波斯之交通，如前所述，始於高宗太安元年。(A.D.455) 其後在和平二年 (A.D. 461) 顯祖天安元年 (A.D.466) 皇興二年(A.D.468) 高祖承明元年 (A.D.476) 等時，均有入貢之記錄，後隔稍久，迄至世宗正始四年 (A.D.507) 肅宗熙平二年(A.D.517) 神龜元年(A.D.518)

正光二年（A.D. 521）及同三年（A.D. 522）等時，始有此記載。然據魏北書（北史）西域傳波斯條所載：

神龜中，其國遣使，上書貢物云：大國天子，天之所生，願日出處，常爲漢中天子，波斯國王居和多，千萬敬拜。朝廷嘉納之，自此每使朝獻。

觀上文可知在神龜以前，全未入貢。按北魏書西域傳，固已亡逸，今乃採自北史者，而北史實由北朝之諸史所蒐錄，故注意觀察之，大體係本此。但此波斯傳，謂係北魏書之原文，如唐杜佑之通典卷一九三所載：「波斯後魏通焉。」其傳文與今之北魏書（北史）略同，且在文中宿利城下註曰：「後周史云蘇利城，隋史云蘇藺城，記錄音訛，其實一也。」殆無可疑矣。但通典纂改北魏書所載「神龜中其國遣使」以下之文句，而删作：「孝明帝時，及西魏末並貢方物。」其次附記隋、唐時入貢之大略。按神龜爲肅宗孝明帝之年號，所謂神龜中者，實與「孝明帝時」相同。夫神龜年間（據帝紀爲神龜元年）遣使入貢之波斯王居和多，與薩山朝(Sassanidae)之柯拔德一世(Kobad I A.D. 488–531)相較，因其名稱、年代俱頗相似，故所謂波斯之爲 Persia，絕無可疑。然若信任北魏書西域傳之所載，則在其以前，即自高宗太安以來，屢屢入貢之所謂波斯，名稱相同，實則是否果爲 Persia，不無可疑。據宋雲行記（洛陽伽藍記卷五）其入竺行程之順序是由漢盤陁（Tashkurghan）至鉢和(Vakh, Wakhan)次抵嚈噠（Ephthalite），更次至「境土甚狹，七日行程」之波斯，次入賒彌（商彌、奢摩、舍摩 Syamaka chitral）按此「波斯」，今北魏書（北史）西域傳作「波知」，似仍以「波斯」二字爲正。通典此國無專條，惟於賒彌條內載曰：「賒彌後魏時聞焉，在波斯之南。」且北魏書「北史」記曰：「賒彌國在波知之南。」由此而論，唐杜佑所見北魏書之「波知」，確係「波斯」也。然此波斯應看作以今 Mastuj 爲中心之 Yarkhun 流域之山地。而北魏時代之所謂波斯，應有薩山朝之 Persia 與 Yarkhun 流域山地之波斯等二種，帝紀所見之波斯，未必卽能謂爲薩山朝之 Persia 也。蓋西域傳中不過舉述 Persia 入貢中之最重要者，實則在神龜以前，難言此國卽與中國無交通也。現觀同傳之于闐條載：

先是朝廷遣使者韓羊皮使波斯，波斯王遣使獻馴象及珍物，經于闐，于闐中于王秋仁輒留之，假言慮有寇不達。羊皮言狀，顯祖怒，又遣羊皮奉詔責讓之。

由上文之珍物觀，此波斯國，似卽 Persia 也。此使者之達中國，旣在顯祖時，則其入貢，在皇興二年(A.D.468) 已行之矣。但正式之 Persia 遣使，似在神龜年間；(神龜元年 A.D.518) 至其理由，因柯拔德一世先代之 Peroses 於高祖太和八年，(A.D.484) 與嚈噠戰爭而陣歿，故其遣使，當係對於嚈噠含有若何作用也。然在以前，魏廷遣韓羊皮使波斯，亦不得不想其與此事有關係焉。總之，此國與北魏之交通，試就國王居和多遣使等事實觀察，其在熙平、神龜前後，蓋最親密也。

再對於此事吻合者，如開元釋教錄卷六沙門菩提留支傳記載北魏孝明帝熙平元年（A. D. 516) 靈太后胡氏所立永寧寺之壯麗曰：

時有西域沙門菩提達摩者，波斯國人也。越自西域，來遊洛京。見金盤炫日，光照雲表，寶鐸含風，響出天外，歌詠讚歎，疑是神工。自云年一百五十歲，歷涉諸國，靡不周遍。如此寺精廬，閻浮所無也。

苟由此菩提達摩(Bodhidharma)一名觀，似係佛僧，惟稱爲波斯人，且其來朝，乃永寧寺建立後之事，故似與神龜年間來朝之波斯人爲同時，或疑卽其一行也。若此疑問，有相當理由時，則此菩達提摩是否果屬佛僧，不無可疑矣。

根據以上略說伊蘭系諸國（尤其是祆教流行者）與北魏之關係觀察，予輩對於薩保（薩寶）一名，是否爲伊蘭語之對音，更是否爲祆教之教長，不無可疑焉。按此語之初見，如前所述，爲宇文護之小名或其字。但此小名與字，實與隋、唐時代之薩保（薩寶）具有同義，例如唐書宰相世系表載：「武威李氏，本安氏，……後魏有難陀孫婆羅。周隋間，居涼州武威，爲薩保。」兩者互有聯絡。但宇文護生於北魏世宗宣武帝延昌二年(A.D.513)之前後。而粟特國人在姑臧被世祖俘虜者，爲太延五年（A.D. 439），聽其贖身者，爲高宗初年（A.D. 453–4），果此高宗爲高祖之誤時，則其初年，當在西曆四七一年之頃也。惟悉萬斤之入貢，爲高祖延興三年（A.D. 473），則距此更後矣。又北魏與波斯之開始交通，乃高宗太安元年（A.D. 455）。縱然此波斯即 Persia，亦決非與當時第一次之使節，共同傳布祆教於中國之內地者也，固不待言，祆教不若佛教、回教或耶穌教等之爲世界的宗教，幾以伊蘭民族爲限。因此，土着於中國，信奉其教者，概限於旅居中國之伊蘭系胡人。即在唐代，亦是如此，例如通典所謂：「常有羣胡奉事」者，即是。蓋神龜二年，廢淫祠，因而除外者。然則土着於中國內地，由一方面觀，主因伊蘭系胡人之通商關係，逐漸增多旅居於中國內地，卽所謂賈胡（商胡）此需相當之年所者也。是以從胡天神之名，始見於神龜二年（A.D. 519）之淫祠禁令一點推察，可知在此以前，所謂胡天神卽祆神，祀於旅居中國內地伊蘭系之胡人間，固毋可疑，惟其土着於中國內地，似與此時相距不久。然其教長之名薩保，已在延昌二年（A.D. 513）用作非伊蘭系人宇文護之小名，可知膾炙於一般人口者，久矣。惟予輩終難如是設想。又宇文護之父母，是否爲佛教徒，猶不明瞭，然宇文護自身，如前所略述者，爲熱心之佛教徒。按小名，原爲父母所賜，但據北魏書所傳，此爲其字。既爲熱心之佛教徒，復用含有祆教教長意義之語，作其小名，豈得謂然耶？

又觀隋、唐間薩保府之官制，據隋書百官志及通典隋官品令，中央雍州有薩保，地方諸州胡人二百人（戶）以上居住之處，有品等較下之薩保。就此「胡二百戶已上」一語觀，不僅爲宗教之事，當更職掌胡人，統治一切之事務也。且據通典大唐官品，薩寶之下，有薩寶府祆正，與薩寶府祓祝。所謂祆正之爲祆教之長者，亦猶里正之爲里之長也。按祓祝之主要事務，見於通典，所謂：「取火呪詛」是也。然則專於宗教上當之者，似卽此二者，現於通典「祆正」之下，說明祆字，且解釋此教之大概焉。又據唐書宰相世系表，鄭行諶任薩寶果毅。薩寶府史司薩寶府文書之事，而薩寶率府則爲護衞薩寶出入之長官也。按果毅爲武官，在隋時諸府中，有所謂折衝果毅者，卽將之義。至唐武德中，仍採其名稱，設置折衝都尉、果毅都尉，然則果毅爲率府乎？或爲其以下之武官乎？若是以觀文武百官中之薩寶府長官之薩寶，終難單以宗教上之首長目之也。況據舊唐書職官志，開元初在視流內爲薩寶、祆正二官，在視流外，僅薩寶㊃祆祝及府史而已。惟據通典所明記者，載有薩寶率府，毫無可疑。

按此薩寶（卽薩保）一語，前已述之矣，北魏末流布於一般，卽宇文護之小名或字亦用之。惟用作名字，在當時似已爲一種稱號或職名，若前文所揭唐書宰相世系表所載，難陀孫婆羅，乃北魏時之人也。聞此人於周隋之間，居於涼州武威，而任薩保者。然則周時雖不明官制上有薩保一官名，但一般公認薩保之稱號或職名，則甚確實。洎乎隋代，遂成官制上之官名矣。例如：「諸州胡二百戶已上薩保爲視正九品」等語，在涼州固然如此，卽在其他諸州中，當時伊蘭系胡人之旅居者，似屬不少。然通典曰「武德四年置祆祠及官。」而兩京新記、長安志等書，亦載同說。惟兩京新記及長安志則右金吾衞西南隅胡祆祠，爲武德四年所立由此而觀則通典所謂「置祆祠及官」者，亦係設立此胡祆祠，且其內置有薩寶府官之事焉。按此通典、兩京新記、長安志之記事固然，尤其在唐代武德四年立祆祠，置薩寶府官而不得謂其前在周隋之時，卽無祆祠及薩寶（卽薩保）也。勞菲耳氏以薩寶爲唐代之音譯者，實誤。又長安志曰：「武德四年立，西域胡祆神也。祠內有薩寶府官，主祠祓（本書作拔下同）神，亦以胡祝充其職。」云云，亦半確半誤之言耳。蓋此文中謂：「武德四年立，西域胡祆神也」之句，不過整個抄襲兩京新記之文而已。謂爲唐時之事，唐人傳之者，原無錯誤。惟「祠內有薩寶府官」云云，乃宋敏求所加，而「祠內有薩寶府官」一語，據通典固如是，但「主祠祓神，亦以胡祝充其職」殆誤也。所謂薩寶府，如前所述，有薩寶之長官，其下有祆正，有祓祝，有率府，有府史焉。至如「主祠祓神，亦以胡祝充其職」一語，所謂祓祝之事，乃此府之職事，似不及其他也。蓋宋敏求對於胡祆祠內之薩寶府，專視之祠神者，因此陷入誤謬也。實則伊蘭系之民族，卽刑事上之裁判等，亦於祆祠內行之，此事可據隋書西域傳康國條載：「有胡律，置於祆祠，決罰則取而斷之。」即瞭然矣。可見旅居中國內地者，置薩寶府於祆祠內，以薩寶爲首領，而行一般民刑上之事務。如是而觀，最初爲唐代（隋代亦同）置薩寶府於祆祠內，府中除祆正、祓祝外，復置文武諸官，其事可以明矣。

至此予輩以爲薩寶（即薩保）不外即梵文之 Sārthavāho 對音也。在賢愚經（一曰賢愚因緣經）中，有薩薄一語。此經在西藏爲 mDzans-blan，譯此語爲 Sar P'ag. 辟弗爾(Schiefer)氏蒙古譯中作 Yäkä sartawaki，殆即梵文之 makāsānthavāha (Wholesale-dealer) 之還原也。此還原之正確，試觀烈維（S. Lévi）氏所出版，且於注釋佛說大孔雀王神咒經（Mahā-māyuri Vidyā-rājñī）之地名列目中已說明之矣。在此，中國譯文中見有薩陀婆訶之「商主」說明，蓋不外乎梵文之 Sārthavāho 也。然則薩薄即薩陀婆訶之省略，其爲 Sārthavāho（即商主）之音譯，殆無疑義可言。㊄據勞菲耳氏謂此語在今之西藏語 Ša-Po 或 Ša-bo 中，留有其痕跡；此西藏語爲商業經理人之義，尤其是稱與中國商人同居而經理買賣之西藏婦人者。此固爲後世之事，普通譯 Sārthavāho 爲商主，乃「隊商之長」或商賈之義也。原來此語由 Sārtha

與 Vāha (Vāho) 之二語相合而成; Sārtha 者, 乃商賈或巡禮旅行之一隊, 乃隊商、兵隊、羣衆等之意, 即有權力或有富力之謂也。㊅ Vāha(Vāho) 者即引導之意。然 Sārtha 爲商主或富商, 今猶存於 Urdu 語中。是以予輩以爲薩寶或薩保不過爲此薩薄之一種異譯耳。誠然薄 Pak 對於 Vaha, Vaho. 關係固甚緊密, 惟若失去 aspirant 之 h 時, 則其與寶保 Pao 極相近似也。㊉

若是, 薩寶、薩保不過爲薩薄 Sārthavāho 之異譯時, 則對於北魏末葉已經流布此語, 且作宇文護之小名, 及隋書官制中之幾多疑問, 俱自消失矣。蓋置薩保於中央雍州, 凡諸州有胡二百戶以上者, 亦置薩保等等, 所以對於當時以通商爲目的, 旅居中國伊蘭系賈胡或商胡, 使自立商主於其間, 政府統制賈胡或商胡, 而用商主之外國名之薩寶爲其官名也。又在唐代之薩寶府中有祆正、祓祝, 此外復有率府、府史等長官。薩寶者, 自以之視作商主, 爲最穩當之解釋。惟彼等俱屬祆教徒, 其刑法（即胡律）亦有置於祆祠中之習慣, 因此祆祠設立薩府, 而以薩寶任統制一切之責。雖亦有疑及伊蘭系民族對於商主乃用梵文之名稱爲不穩當者, 但此語似曾廣行於當時之西域各地, 如彼載有薩薄一語之賢愚經原本, 實係慧覺（即曇覺）得於于闐者也。據開元釋教錄(卷六僧祐傳曰：

曇覺涼州人，……於于闐國，得經梵本。以太武皇帝太平眞君六年乙酉，從于闐還，到高昌國，共沙門威德，譯賢愚經一部，見靖邁經圖。

復引據僧祐賢愚經記曰：

河西沙門釋曇覺威德等，凡有八僧。……於于闐大寺，遇般遮于瑟之會。……三藏諸學，各弘法寶，說經講律，依業而教。覺等八僧，隨緣分聽，於是競習胡音，析以漢義，精思通譯，各書所聞。還至高昌，乃集爲一部。既而踰越流沙，齎到涼州。

然則此經爲曇覺等八僧，分聽于闐僧侶之講授，而漢譯之，集成一部。至其原本，殆出於于闐，非過言也。但當漢譯之際，謂爲「競習胡言」，按胡依本作梵，蓋卽于闐語之謂也。然則薩薄卽 Sārthavāho，原爲 Sanskrit 語，復見於于闐之語彙中，蓋當時至中國之許多商胡中，原以粟特國人占其大半，隋書西域傳康國條曰：「人皆深目高鼻，多鬚髯，善於商賈，諸夷交易，多湊其國。」唐書（卷二二一下）西域傳康國條曰：「善商賈好利，丈夫年二十，去傍國，利所在無不至。」若隋書、唐書俱對此國謂：「尙浮圖法祠祆神。」則可見佛教亦相當流行。然則此國人當無厭忌梵語之理由也。況行於西域各地者，主要爲伊蘭系之商主或商賈乎。

按薩薄一語，見於法顯傳之師子國條中，殊堪注意。據該傳敍述其王城之殷盛曰：

其城中多居士長者，薩薄商人屋宇嚴麗。

關於上文之薩薄，貝爾（Beal）氏以爲 Sabæan 之對音，(八)拉格（Legge）氏亦略表贊意者。其言曰「予以爲此商人想像爲 Moormen 之先蹤阿剌伯人。彼等至今在錫蘭猶爲形成商業社會重要之一部也。」(九)但賢愚經亦作薩薄，明顯爲 Sārthavāho，固不得以之爲 Sabæan 也。但此商主或富商之非印度人，由上「居士長者」一語，而知之。阿剌伯人首先盛行向印度及中國通商者，爲 Persia 人，則此所謂薩薄商人，當以伊蘭系之商主或富商視之矣。果若是，則法顯時伊蘭系之商主或富商，知係呼薩薄卽 Sārthavāho 者。按法顯之去印度，爲東晉隆安三年(A.D. 399)；其返中國，乃義熙九年（A.D. 413）。當時已有薩薄一譯語，以之稱呼伊蘭系之商主或富商，而以其異譯之薩保，用作字文護小名或字者，初無若何不可思議也。何哉？此語當時膾炙人口，西域胡商之富力，迄至後世，人猶羨望不已，且因佛教之廣布，即菩薩、波羅門、藥叉等等梵名，亦往往以之爲人之名號焉。

再薩薄（即 Sārthavāho）一語，單稱曰 Sārtrha，今猶活用於 Urdu 語中，惟在後世中央亞細亞，對於遊牧逐水草之民族，而稱土着之伊蘭系民族爲 Sart。此 Sart 名稱之解釋，從來俱不中肯，予輩決爲 Sartha 之轉訛。此等伊蘭系民族之蔓延於東方，爲上代中央亞細亞民族成立時之事，尤其在歷史時代，即漢、魏、六朝、隋、唐之時；主要原因，起於通商。換言之，彼等槪係商胡，而蔓延於東方者。但歷時甚久，遂土着而繁殖其子孫矣。就中之桀梟，如康豔典在鄯善即今之 Lob-nor 地方，率領其徒以建國⊕。至於 Sārthavāho，如前所述，乃商主之義，亦含富商意，甚或專爲商賈之義焉。豈非即今西藏之 Ša-po 之爲商業經理人之意義耶？然 Sārthavāho 一語，以此名稱伊蘭系之商主或商賈爲主，至吉利吉思人等，則呼伊蘭系商賈之子孫，即後世伊蘭系土着之民族，而轉訛爲 Sart 焉，固無甚可怪也。即就現今 Urdu 語，Sārthavāho 亦作 Sārtha 焉。況 Sārtha 之原義，復爲商賈之羣或一隊之義也。

但在此所可怪者，爲隋書西域傳康國條所載：「都於薩寶水上阿祿迪城」之一事。按此康國，固不待言，卽 Kandiz 爲今之 Samarkand，果若此，則此薩寶水，自無疑爲今之 Zarafshan 也。苟以之爲此國之土名時，則以用伊蘭語解釋爲至當。不過此水名，僅見於隋書，除襲用之外，不見他書有此記載，如唐書所載，以之爲那密水。若此水名果屬土名，則不致變化如是急速。因此此土名，是否傳自其國人，不無可疑焉。此國，據隋書載：「諸夷交易多湊其國。」至其國人依唐書所記：「利所在無不至。」又杜環經行記中曰：「土沃人富」（通典卷一九三所引）大唐西域記謂：「異方寶貨，多聚此國。」蓋此水上，爲商主富豪所據之處，或爲其出處，故因緣而得薩寶 Sārthavāho 之名稱，其國佛教徒，遂以之傳於中國，然乎？茲與阿祿迪之城名，一同誌疑於此，以待他日解釋之。

〔註〕㈠ Musulmans et Manichéans Chinois (Journal Asiatique, N. S. I. X, 1897)

㈡ Les Sa-Pao (Bulletin de l'Ecole Française d'Extrême-Orient tome III, 1903, PP, 665-671)

㈢ Sino-Iranica, P, 529.

㈣ 通典作祆祝，舊唐書作祅祝，當以後者爲正確。因此，長安志曰：「主祠拔神」之拔，蓋亦祅之譌也。若祅字如通典所謂「呼煙反」，時則與天爲同音 hen，卽失去 Ahur 頭母音之 hur 對音也。

㊄ 以上薩寶之說明，主要係根據 Laufer 氏之"Loan-words in Tibetan.(T'oung Pao, Vol, XVii,1916. PP. 419–420)

㊅ Monier-Williams, Sanskrit-English Dictionary. P. 1209.

㊆ 以 Bodhisattva 之 Sattva 爲「導衆」之意時，則其 Sattva 恰爲 Sārthavāha 之省略，頗與薩保二字相近也。

㊇ Buddhist Records of the Western World, Introduction, IXXiV.

㊈ The Travels of Fa'-hien, P. 104. n. 2

㊉ Pelliot, Le "Cha tcheou tou tou fou t'ou King" et la Colonie Sogdienne de la région du Lob Nor(Journal Asiatique, Janvier-Février, 1916) PP. 116 Sq.

附 言

予輩前以隋書之薩寶水，爲此水上商主富豪之據處或出處，而發生此名稱者。惟查 Sārtha-vāha(Sārthavāho)之 Sārtha，含有隊商之義；同時，復有富有 having property, opulent, wealthy 之義。然而 Vāha (Vaho)，既可解作 lead, conduct 復可解作 carry 義。在昔 Pātaliputra 城附近，注於恆河（Ganges）者，即現時 Sōn 水爲 Hiranja-Vāha（goldcarrying)，而 classical writers 之 Erannoboas，乃其訛也。㊀然則 Sārthavāha 爲出富之義，似與今之 Zarafshan (gold-spreader) 意義相近似。固不待言，在 Samarkand 地方，藉此河之灌溉，以適耕作，故此地人民，竭盡其利用之方法焉。換言之，即此處之富，全恃此河，遂以 Zarafshan 稱之，實則此河並無黃金流出也。

又予輩以見於法顯傳師子國條之薩薄，爲 Sārthavāha 之對音，雖足以糾正從來西洋學者之謬誤，然斷定之爲波斯商主者，亦猶獵夫見山之譬喻，因專着眼於伊蘭商人，乃煩友松氏之教示焉。（史學第四卷第二號）據氏所言，不必以之爲波斯人，似不若謂爲印度人也。實予輩對於佛教，全屬門外漢，茲承友松氏之教示，始得豁然明瞭，爰誌此，以表謝忱。

〔註〕㊀ Monier-Williams Sanskrit-English Dictionary, p. 1209.

㊁ McCrindle. Ancient, India, p. 43.

五 莎車與 Ga-hjag

依據西藏所傳，于闐國 Li-Yul 於佛滅後二百三十四年，創建於 Kusthana，復經一百六十五年，至 Vijayasambhava 王，其即位之五年，始傳佛教；更歷七世至 Vijayavirya 王，建 Hgen-to-shan 寺於牛頭山 Goçircha，（正確為 Hgehu-to-Ṣan，⊖ 即牛頭山之對音）再經二世至 Vijayajaya，王有三子，伯為僧，稱 Dharmânanda，（達磨難陀）叔即位，號曰 Vijayadharma，季 Hdon-hdros 繼之。叔之子，更繼之而立，號曰 Vijayasimha，此時，Ga-hjag 王圍攻于闐，卻反為 Vijayasimha 所破，為償其命，（報答不殺其命）乃歸依佛教。Vijayasimha 娶 Ga-hjag 王女 A-lyo-hjah，嘗弘布佛教於 Shu-lik 之時，此王女與有力焉。⊖ 以上所述，乃據洛克喜爾(Rock-hill)氏之抄譯，更依多瑪 (Thomas) 氏抄譯西藏所傳，則繼 Vijayajaya 者，為其季子，而 Vijayasimba乃季子之子也。又自 Ga-hjag 之王歸依佛教後，得 Ānandasena 之名，被遣於 Ṣu-lig,

Vijayasimha 爲此人建 Sum-ña 寺。㊂按此兩種傳說，其間雖有若干不同，惟對於于闐王Vijayasimha之夫人爲Ga hjag之王女則一。Ga-hjag 王侵略于闐，不意反爲所破，乃歸依佛教，稱曰 Ānandasena, 布教於 Śu-lig (Shu-lik)，謂係其女于闐王夫人在內佐助其宣傳云。

關於此 Shu-lik(Su-lig) 洛克喜爾氏已於 Taranatha (P.63) 中，引用Tukhara 之此方（東）之言曰：「此語與中國人之疏勒 (Su-le, Kashgar) 豈無某種關係耶？㊃」可知此時已注意 Shu-lik(Śu-lig) 之應爲疏勒。其事之明顯，殆無疑義，又據西藏所傳謂佛滅後一千五百年，于闐國 Li-yul 王，爲迫害佛教之外道，當時 Li-yul, Shu-lik, An-se 等地不絕蒙受災難，遂使佛僧離去于闐國 Li yul 云。㊄此之 An-se，氏以其地爲在于闐國 Li-yul 附近，且以爲在其西者，實誤也，安西者，即龜茲 (Kucha) 也。據唐書卷二太宗本紀載，貞觀二十二年，破龜茲，虜其王；至二十三年 (A.D.649)，舉行獻俘禮，惟依照同書卷二二一上西域傳龜茲條，敍述此獻俘之事而後曰：「始徙安西都護於其都，統于闐、碎葉、疏勒，號四鎭。」在先，安西都護府原在西州 (Yār-Khoto)，至此始移龜茲。惟龜茲復叛，高宗顯慶三年 (A.D.658) 敗之，龜茲傳曰：「是歲，徙安西都護府於其國，以故安西，爲西州都督府。」蓋貞觀二十三年，爲太宗崩年，安西都護之移轉龜茲，不過爲擬定之計劃，猶未實行也。及龜茲已叛，顯慶三年平定之，始按計實行。故杜佑通典卷一七四載：「貞觀中，初置安西都護府於西州，顯慶中移於龜茲城。」後至咸亨元年（A.D.670），四鎭悉爲吐蕃所陷，則天武后之長壽元年(A.D.692)，破吐蕃，恢復四鎭，復將安西都護府設於龜茲。訖至玄宗開元七年(A.D.719)，以碎葉(Sujab)與突厥，據唐書西域傳焉耆條載曰：「安西節度使湯嘉惠表，以焉耆備四鎭。詔焉耆、龜茲、疏勒、于闐，征西域賈，各食其征。」蓋卽以焉耆（Karashahr），爲四鎭之一。四鎭各徵西域商胡之稅，恃此稅收以自給。自此，四鎭卽爲焉耆、龜茲、疏勒、于闐矣。但安西都護府，則仍舊在龜茲。此事由開元十五年從印度歸經其地之慧超所言，而得知之。其言曰：「又從疏勒東行一月，至龜茲國，卽是安西大都護府，漢國兵馬大都集處。」且因龜茲一地，設置安西都護府頗久，故其地復單稱安西焉。慧超曰：「又安西南去于闐國二千里，亦是漢軍馬領押。」又曰：「開元十五年十一月上旬，至安西，於時節度大使趙君……」更曰：「且於安西有兩所（寺？）漢僧住持，行大乘法，不食肉也。」復曰：「又從安西東行□□至焉耆國，是漢軍馬領押。」且列擧四鎭之名曰：「一安西，二于闐，三疏勒，四焉者。」然則根據上述龜茲、于闐、疏勒、焉耆之四鎮，其所謂「安西」者，卽龜茲、殆無疑義矣。按于闐之爲回教徒所征服，乃在西元一千年之頃，西藏所傳之外道王，殆卽所謂 Yusuf Qadr Khan 也。安西一名，係指龜茲，西藏人至後世猶襲用之。然在西藏傳說中，以 Śu-lig (Shu-lik) 與 An-se 安西卽龜茲，Li-yul 卽于闐國相連稱，由此而觀，或自其音韻上觀察，其爲疏勒之對音，或疏勒原音之西藏訛誤，殆屬無疑。

夫西藏所傳 Śu-lig(Shu-lik) 之爲中國疏勒，卽 Kashgar，其立國之古國力之大，卽與于闐、疏勒對稱者，除漢代以來之莎車今之葉爾羌（Yarkand）外，無過於此國矣。「車」之古音，固爲 Ku, gu，現在漢書西域傳中，亦稱姑師爲車師也。然則西藏所傳 Ga-hjag 之 hjag，視作與莎車屬同一原音，當無不可。按此莎車，卽西域記卷二之斫句迦，玄奘在此註曰：「舊曰沮渠。」他如續高僧傳卷二闍那崛多傳之遮拘迦，方向雖間有錯誤，當亦不外卽莎車也。然西藏所傳 Ga-hjag 之 ga，究不知爲何意？蓋與斫句迦、遮拘迦之迦相同，至於 Suffix，不過爲 Prefix 而已。

予輩以西藏所傳之 Ga-hjag，指中國之莎車者，初不僅如上述名稱之類似，且綜合後漢書卷一一八西域傳之于寘（闐）國條及莎車國條所載之事蹟，與西藏所傳之 Li-yul. Ga-hjag 之關係，酷似于寘及莎車之關係也。即依照後漢書之所傳，光武初，莎車王康附漢而拒匈奴，西域諸國皆屬之。惟至建武九年（A.D.29）康死，其弟賢代之，爰屢攻略環近諸國，且廢其王，或殺戮之，甚逞其暴虐，復廢于寘王俞林，以莎車之將軍鎮其國。惟至明帝永平三年（A.D.60）于寘之大人都末殺其將軍而大人休莫霸復與漢人韓融等殺都末，自立爲于寘王。於是賢遣其太子國相，將諸國之兵，以擊休莫霸，卻反爲所破，尋自將兵擊之，亦敗，脫身歸國。休莫霸乃進圍莎車，中流矢死，國人立其兄子廣德爲王。賢連被兵革，乃遣使與廣德和，以女嫁廣德云。例如後漢書莎車傳載曰：

先是廣德父，拘在莎車，數歲。於是賢歸其父，而以女妻之，結爲昆弟。廣德引兵去。

若是，于寘與莎車雖一時相和，惟莎車之相且運等，因懼賢之驕暴，通款曲於廣德，於是廣德乃將兵攻莎車，俘虜賢而返。據後漢書莎車傳記其當時情況曰：

于寘王廣德，乃將諸國兵三萬人，攻莎車。賢守城。使使謂廣德曰：我還汝父，與汝婦，汝來擊我，何爲？廣德曰：王，我婦父也。久不相見，願各從兩人會城外結盟。賢以問且運。且運曰：廣德，女婿至親，宜出見之賢乃輕出。廣德遂執賢，而且運等，因內于寘兵，虜賢妻子，而幷其國，鎖賢將歸，歲餘殺之。然則廣德之滅莎車，究係何年，雖史乏明文，然據後漢書卷七七班超傳，班超初赴西域(六)爲明帝永平十六年(A.D.73)，苟由其傳載：「是時于寘王廣德，新攻破莎車，遂雄張南道。」之文觀之，可知其事去明帝永平十六年不遠也。

據後漢書所載，由于寘驅逐莎車勢力者，爲休莫霸，而滅亡莎車者，爲其兄子廣德。此事與西藏所傳繼 Hdonhdros 而立 Vijayasimha 之情形相似。因西藏傳說 Vijayasimha 即 Hdonhdros 之兄 Vijayadharma 之子也。據後漢書所記，廣德之父，原拘於莎車，以之而觀西藏所傳，雖無若何痕迹可尋，但繼 Vijayadharma 而立其弟 Hdon-hdros，其中或有任何不得已之事情。因此，後漢書所記與西藏傳說，益相吻合矣。且廣德夫人，爲莎車王女，而莎車王之被虜，乃廣德所爲。凡此與西藏所傳 Vijayasimha 及 Ga-hjag 王之關係，亦頗類似。尤以廣德滅亡莎車，與 Vijayasimha 滅亡 Ga-hjag，完全一致，決非偶然類似也。不過，中國所傳者，全屬政治的，而西藏所傳者乃爲宗教的，兩者詳略各異，是以後漢書記捕獲莎車王賢之廣德，後歲餘殺之，據西藏所傳，謂 Gahjag王爲償其命而傳布佛教於 Śu-lig（Shu-lik）云。此種傳說之相異，若由史家立場視之，當不足置重也。

關於于闐 Li-yul 之西藏傳說，一如其他印度系統之所傳，殆可謂爲 dateless 也。惟據西藏傳說，于闐之建國在佛滅後二百三十四年之頃，此國佛教之傳來，殆在建國後一百六十五年，即 Vijayasambhava 王即位之第五年也。苟詳計之，實即佛滅後四百四年時之事。惟據西藏傳說，佛滅之年，爲西元前四百八十六年㊀此固不得謂之正確，然西藏傳說事件之年代計算，勢以佛滅年代之所傳爲至當。然則于闐之建國，爲西元前二百五十二年，傳布佛教於此國者，則在西元前八十二年，恰當前漢昭帝始元五年，其距武帝之崩年（B.C.87）不過數年耳。然就西藏所傳佛教之傳來，由 Vijayasambhava 迄至 Vijayasimha，適經十二世。夫西漢爲比較有力之王朝，而帝王一世之平均年數，爲十五年。然則視 Vijayasimha 爲後漢明帝永平十六年（A. D. 73）前後君臨于闐之人物，初無若何不宜也。但依據西藏傳說而推定其年代，頗屬不易，予輩不若以後漢書所載休莫霸與廣德之事蹟，謂與西藏傳說 Hdon-hdros 與 Vijayasimha 之事蹟頗相類似，因此而以

Hdon-hdros 擬休莫霸，以 Vijayasimha 擬廣德，恐誤較少焉。是以予輩以爲與 Vijayasimha 發生交涉，從而遭滅亡之 Ga-hjag，視爲漢代以來之莎車也。況莎車之與 hjag 卽在音韻上亦頗類似焉。

再有應附帶注意者，爲繼 Vijayasimha 而立之 Vijayakirti 事蹟。據西藏傳說，此王與 Kanika 王，Gu-zan 王等共率兵侵印度，陷 So-kid 城，得舍利 Çariras 多量，置於彼所建立之 Phro-nyo （般若？）寺中云。⊗ 洛克喜爾氏於 Kanika 註曰：「大概此爲 Kanishka 王，係西元七十五年卽位，其統治及於 Yarkand 與 Kokano。」又關於 Gu-zan 王，氏言不能考定，大概爲于闐王國附近之小王也。⊗ 但由 Kanika 王與 Gu-zan 王連稱之一點觀察，則當如羽溪了諦氏所指摘者，⊕ Kanika 與 Gu-zan 同，應視作國名，決不該視作王名也。予輩擬以此 Gu-zan 爲中國史書之「貴霜，」而以 Kanika 擬「康居」焉。貴霜爲 Kushāna 之對音，在 Gondopharnes 王之 Takht-i-Bahi 刻文中，以之爲 Gushana. ⊕ 若是，益與 Gu-zan 相近矣。但就後漢書所傳月氏與康居之關係觀，始知予輩之考證，不僅基於名稱之類似而已也。

據後漢書西域傳大月氏國條載：

初月氏爲匈奴所滅，遂遷於大夏。……後百餘歲，貴霜翎侯丘就卻，攻滅四翎侯，自立爲王，國號貴霜王。侵安息取高附地，又滅濮達、罽賓，悉有其國。丘就卻年八十餘死，子閻膏珍代爲王。復滅天竺，置將一人監領之。月氏自此之後，最爲富盛，諸國稱之皆曰貴霜王。漢本其故號，言大月氏云。

通例，此丘就卻由古泉學上考證爲 Kushan 朝之 Kuzula Kadphes (Kuzula Karakadphises) 即 Kadphises I. 而考證閻膏珍爲 Vima(Ooēma)Kadphes 即 Kadphises II. 按此 Kadphises II. 死於西元七十八年，繼立者爲有名之 Kanishka. 關於此年代，固有種種之議論，惟大體言之，Kanishka 王之年代，係由西元一世紀末至二世紀初。若其即位之年，果爲西元七十八年時，（即後漢章帝建初三年）則依據後漢書卷七七班超傳，是時正班超已服從鄯善、于寘、疏勒等，而欲征服其他未從諸國，上書請兵之年也。至建初八年，皇帝容超之請，拜爲將兵長史，使超經略西域。翌年（元和元年）發疏勒、于寘之兵，以擊莎車。至此，始與月氏發生交涉。莎車以重利誘疏勒王忠，忠乃背超，超攻之。及半歲，因至康居遣精兵救忠，故與月氏之交涉乃起。據班超傳曰：

是時月氏新與康居婚相親，超乃使使多齎錦帛，遺月氏王，令曉示康居王；康居王乃罷兵，執忠，以歸其國。

月氏與康居兩國，在西元一世紀末葉，關係極為親密，依照上文推斷，即能明瞭，然則西藏所傳與 Gu-zan 王連稱之 Kanika 王，其原音與康居相同，決非唐突之言也。若由當時月氏與其他諸國之關係觀察，于闐、康居等王，不應與月氏即貴霜王相並列，縱然西藏所傳者，有若干根據，但于闐、康居王亦不當解作為貴霜王所招致也。

〔註〕㊀ 依據 Thomas 氏。Stein, Ancient Khotan, Vol. I. p. 186. n. 9.

㊁ Rockhill, The Life of the Buddha and the early History of his Order. PP. 237——240.

㊂ Stein, Ancient Khotan (Appendix, E. Extracts from Tibetan Acconuts of Khotan) P. 581.

㊃ Rockhill, The Life of the Buddha, P. 240. n. I.

㊄ 同上 P. 240. n. 3.

㊅ 據班超傳載，章帝建初三年，(A.D.78) 超上表曰：「臣前與官屬三十六人奉使絕域，備遭艱厄。自孤守疏勒，於今五載。」

㊆ Rockhill, The Life of the Buddha P. 91.

⑧ 同上 P. 210.

⑨ 同上 P. 240. n. 2.

⑩ 于闐國之佛教，藝文，第四年第一號一一九頁。

⑪ The Cambridge History of India, Vol. I: Ancient India, P. 584.

六　吐谷渾與 Drug (Drug-gu)

根據洛克喜爾氏之西藏所傳：由 Vijayakirti 至第十四 Vijayakirti 之時，外敵席捲國內（于闐）且領有之，人民痛苦。其後 Drug-gu 之 A-no-shos，率兵侵 Li-yul，直至牛頭山 Hgen-to-shan（Goçircha）之南側，寺院大半付之一炬，人民減少，未另立一寺云。㊀又依照 Thomas 氏：以繼 Vijayasimha 而立之 Vijayakirti 爲 Vijayakirti I，繼此王而立者，爲其子 Vijayasaṅgrāma，其記載曰：㊁

此王之後十四代之間，時被外國侵入。惟此十四代之王，皆 Vijayasaṅgrāma 之繼嗣，始於 Vijayadharma，終於 Vijayakīrti (II)。迄 Vijayakīrti (II) 之時，此國被 Drug-gu 王 Á-n- o-Śos 侵入，直至牛頭山 Hgeḫu-to-śan，焚毀寺院。

按以上兩種傳說，世次稍有差異，就中以多瑪氏所傳較精詳。又據多瑪氏謂此 Vijayakiati (II)

子 Vijayasaṅgrāma（II）七歲即位，嘗聞 Drug-gu 之 A-no-mo-Śoṅ 及其他侵入其國，殺人甚多。爲償其罪，而建立 Hgu-gžan 寺云。㊂ 更據多瑪氏謂，自 Vijayakīrti（II）經十五代，至 Vijayasaṅgrāma 及其同名之子，來往中國，父爲 Drug-gu 所殺，子年尚幼，乃由宰相 Ama-la-khe-meg 攝政，凡十二年。按此西藏所傳之 Drug, Drug-gu, 復見於唐穆宗時唐蕃會盟碑之西藏文中。㊃ 而華台爾（Waddell）氏將此西藏原文及英譯載於 Journal of the Royal Asiatic Society, Oct. 1909, pp, 930–935, 中，茲摘錄見有 Drug 地名一段如次：

"As both parties have had dissensions …… but are not intoxicated by considerations of pride……they have listened…… (to each other). The breadth of…… dominions will not again become increased. Eastwards …… China is to remain sovereign of the region east of the Blue Lake（Koko nor.）. Southwards Nepal likewise cannot encroach beyond its boundary …… good. Although Tibet has expanded because of its great learning. India since cast out after the fight rules

(Still?)……the outer Western direction. Northwards the Drug (Eastern Turk) land has been entered into possession of……"

文中 Square 內之文字，乃華台爾氏所加，非原文也。予輩不解西藏語，因此對於華台爾氏之英譯，正確至何程度，實難判斷。且因西藏原文，重要處頗多剝落，憾事也。⊕至於漢文，情形亦相同：「……已西盡是大蕃境土。」「已西」之上，字已剝落，惟西藏文中："Northwards the Drug land has been entered into possession of……" 由此可以推知，所謂 Drug land 者，包含於當時西藏之境內，固不待言，唐蕃之會盟，行於德宗之世，旋即破裂，迨至穆宗之長慶元年（A.D. 821），遂立會盟碑，而唐與吐蕃以清水縣為界。由此以西，從洮水流域迄至青海之西，雖時有伸縮，但所謂吐谷渾一國，於是而成。其在極強盛之時，更加領有其西鄯善（Lob-nor 地方）、且末（Cher-chen）等地。惟以西藏所傳之 Drug （Drug-gu），看做吐谷渾者，實自華台爾氏始。同氏以為載於于闐古史中 Drug-gu 族之國土，與會盟碑 Drug land 為同一方向，其位置適與記於中國史書之吐谷渾相符合。而言曰：「然則此吐谷渾 Tu-ku-hun 明顯與 Drug 或

Drug-gu 相同。此名中國形之最初部份，其所表示應用者明爲同一之音。」㈥且該氏復將 Drug 之西藏名稱，示作古之"Turk"，是以現時以之爲 Turuska 者，謂爲後世引據與中國史書所載突厥之風俗相同，而以爲兩者間試行疏通，實則此乃窮屈之解釋也。夫 Drug, Drug-gu 既以之爲吐谷渾，則自非 Turk，若爲 Turk，則應不得爲吐谷渾矣。惟可想像者，因名稱之類似，輒混用之。

據中國所傳，吐谷渾爲遼西鮮卑之一派，其始祖吐谷渾乘晉永嘉之亂，踰隴而西，此事晉書、北魏書、隋書、舊唐書、新唐書等皆傳之。據北魏書（卷一〇一）吐谷渾傳：北魏世祖之時，其國王名慕利延，世祖遣將攻之，慕利延走白蘭，後復命征西將軍高涼王那等討白蘭，慕利延遂入于闐國。傳其後事曰：

殺其王，死者數萬人，南征罽賓。……七年，遂還舊土。

又同書（卷一〇二）西域傳于闐條載：

眞君中，世祖詔高涼王那擊吐谷渾慕利延。慕利延懼，驅其部落，渡流沙。那進軍急追之，慕利延遂西入于闐，殺其王，死者甚衆。

然依照北魏書卷四下世祖紀所記，慕利延之入于闐，爲太平眞君六年（A.D. 445）之事。再據北魏書西域傳于闐條載：

顯祖末，蠕蠕寇于闐。于闐患之，遣使素目伽⊕上表曰：西方諸國，今皆已屬蠕蠕，奴世奉大國，至今無異。今蠕蠕軍馬到城下，奴聚兵自固，故遣使奉獻，延望救援。

所謂顯祖末一語，因此帝於皇興五年（A.D. 471）八月，傳位於其子，故大體言之，可視爲西元四七〇年之頃也。夫據西藏所傳：Vijayakirti (II) 之時，Drug-gu 王 A-no-shos 侵入于闐，迄至牛頭山南側，焚毀其寺院之大半。此 Vijayakirti (II)，依洛克喜爾氏，謂由 Vijayakirti 至第十四代，依多瑪氏，則爲第十五代。如前所述，Vijayakirti(I) 之在位，爲西元第一世紀之末葉，與第二世紀之初葉，由此經十四、五代之 Vijayakirti (II)，似不得不視爲西元第五世紀時之人物也。惟在此世紀，侵入于闐之吐谷渾與蠕蠕，相去其年代，不過二十五年耳。苟仔細檢點西藏所傳：所謂 Drug-gu 即吐谷渾，而非蠕蠕，殆無可疑。按西藏之傳說，此時侵入于闐者，爲 Drug-gu 王 A-no-shos 大約 A-no-shos 非實名，乃梵文之 Anāsaḥ (noseless) 之訛，此語爲印度古代雅利安人

(Aryans) 呼達羅維茶（Dravidians）士人之賤稱也。㈧西藏佛僧爲惡破壞佛寺之暴戾侵入者，故以此名呼之。但在北魏書西域傳中如上所舉國王親自侵入于闐者，爲吐谷渾王慕利延，關於蠕蠕國，僅曰：「蠕蠕軍馬到城下」，似非其王親自侵入者也。且吐谷渾慕利延之侵入于闐，殺其王，死者數萬，可想見其暴厲之甚，此與西藏所傳，完全相符，至於蠕蠕之侵入則無此種傳記也。又此時吐谷渾之慕利延殺于闐王者，具有意義；在西藏傳說中所謂 Vijayakirti (II) 死，其子纔七歲，遂卽位，Vijayakirti (II) 之死者，其實所以暗示爲吐谷渾所殺耳。且迄至牛頭山南側，焚毀寺院大半一事，得確證爲吐谷渾，而非蠕蠕焉。如羽溪了諦氏所說，據梁高僧傳八卷法瑗傳與北魏書蠕蠕傳等所載，蠕蠕爲佛教之國，甚爲明顯。縱然蠕蠕軍馬侵入于闐，應亦不致有焚毀寺院之排佛的行動也。㈨反之，吐谷渾雖見若干佛教之流行，但決非佛教國家。（至少是慕利延以前是如此。）若以此 Drug-gu 爲嚈噠時，則僅據北魏書嚈噠傳：「西域康居、于闐、沙勒、安息及諸小國三十許，皆役屬之。」之例證，其直接侵入于闐之傳說，就予輩所知，實未發見有何等之典據也。關於 Drug, Drug-gu, 之非蠕蠕與嚈噠，證之唐蕃會盟碑中之 Drug-gu, 以西藏爲領域，固甚明白；以漠北爲本據之蠕蠕，與以葱嶺爲本據嚈噠，終難稱爲西藏之領土也。且西藏所傳，Vijayakirti(II)之後，經十五代至 Vijayasaṅgrāma，與其子往還於中國，以被 Drug-gu 所殺之 Drug-gu，視之爲蠕蠕，或嚈噠，終難解釋也。何以故？由于闐赴中國，不應通過漠北，況亦不致向葱嶺也。吐谷渾所領有之洮水流域、青海環近及鄯善、且末等，爲由于闐取南道而入中國必經之地，然則于闐王往還於中國，爲 Drug-gu 所殺之 Drug-gu，視作吐谷渾，當爲最穩當之解釋也。根據新舊唐書西域傳吐谷渾條所載：吐谷渾自太宗以來，與吐蕃相殺。高宗龍朔三年(A.D.663)，遂爲吐蕃所破，逃入涼州（甘肅省涼州府）。高宗乃於咸亨元年（A. D. 670）遣薛仁貴率兵五萬，征討吐蕃，且納吐谷渾於其故地。惟反爲吐蕃所破，以是不得完成其目的。其後吐谷渾更由涼州而東，移於靈州（甘肅省靈州）。咸亨三年（A.D.672）高宗爲之置安樂州，藉以安輯。惟其後安樂州更爲吐蕃攻陷，於是其部衆復行東遷，散在朔方（陝西省榆林府）、河東（山西省蒲州府）之間矣。再據兩唐書所記，吐谷渾建國於晉永嘉之時，迄至龍朔三年(A. D. 663)奪其地爲止，其間所經凡三百五十年。

然則西藏傳說若有若干可信時，則 Vijayasaṅgrāma 偕其子同入唐朝，而被殺於途中者，其時吐谷渾殆猶未遭吐蕃刼奪其國土，當以視爲龍朔三年(A.D. 663)以前爲適宜也。案中國歷代正史所記于闐王家之姓爲尉遲者，以唐書爲始。舊唐書卷一九八西戎傳于闐國條曰：

其王姓尉遲氏，名屈密。

新唐書中以「屈密」之屈作屋。此尉遲爲西藏所傳 Vijaya(Bidzaya)，Khotanese 之 Viśa，爲古諾(Sten Konow)氏以來一般所承認者。⊕其在新、舊唐書中所見之王名，有伏闍信、伏闍雄、尉遲伏師(戰)、尉遲珪、尉遲勝等。按此伏闍，固不待言爲尉遲之異譯；又尉遲伏師戰之伏師，亦爲尉遲之異譯(卽 Viśa 之對音)，戰乃其名也。伏師之上，復加尉遲一姓者，蓋因不明伏師卽尉遲之故耳。況此姓之傳於中國，似非自唐代始。隋書卷八三西域傳于闐條載：「其王姓王，字卑示閉練」，所謂「卑示」者，或卽 Viśa 之對音，而閉練者殆爲 Virya 之音譯也。于闐王躬自來朝中國者，自伏闍信始。卽太宗貞觀二十一年(A.D. 647)伐龜茲，二十三年遂克之，虜其王，西域皆震恐，于闐王伏闍信亦隨唐使來朝云。然新唐書載曰：「會高宗立，授右衛大將軍，子葉護玷爲右驍衛將軍，賜袍帶布帛六千段。第一區，留數月遣之，請以子弟宿衛。」可知其入唐爲貞觀二十三年(A.D. 649)，且其子葉護玷亦同來也。然在該書中復接上文而言曰：「上元初，身率子弟酋領七十人來朝。擊吐蕃有功，帝以其地爲毗沙⊕都督府。析十州授伏闍雄都督，死，武后立其子璥。」此文極爲曖昧，高宗上元初(A.D. 674)來朝者果爲伏闍信乎？抑爲伏闍雄乎？如由緊接之上文觀，似爲伏闍信，但據「授伏闍雄都督」一語論，則又若係伏闍雄矣。查舊唐書西戎傳中未見若新唐書所載：「上元初」之記錄，僅曰：「垂拱三年，其王伏闍雄復來入朝。天授三年，伏闍雄卒，則天封其子璥爲于闐王。」若就資治通鑑(卷二〇二)所記而觀，可知其於上元初來朝者爲伏闍雄，而非伏闍信也。卽在上元元年十二月一條中載：「戊子，于闐王伏闍雄來朝。」又在上元二年一條中載：「春正月丙寅，以于闐國爲毗沙都督府，分其境內爲十州，以于闐王尉遲伏闍雄爲毗沙都督。」據此應亦能解釋新唐書之曖昧文字。伏闍信之入唐，可知僅貞觀末年之一度，惟其時吐谷渾猶未失其國，以西藏所傳之Vijayasaṅgrāma爲中國所傳之伏闍信，其與子同行來朝，而被吐谷渾所殺，以此前後對照而觀，亦可解釋矣。且伏闍信歸途爲吐谷渾所殺，雖未見於中國之傳記中，惟伏闍信之由中國歸還，在高宗永徽之初(A.D.

650），至上元元年（A. D. 674）止，約二十餘年中，此際于闐之事實，未見於中國史册中。然一方，據西藏所傳，Vijayasaṅgrāma 於途中爲 Drug-gu 所殺時，其子尚幼，故由宰相 Ama-la-khe-mog 攝政約十二年云。然則伏闍雄至上元初始入朝者，當可了解矣。又據西藏所傳，由 Vijayakirti(II) 歷經十五代，而後立 Vijayasaṅgrāma，但如上所述，Vijayakirti(II) 爲西元第五世紀時人物，而 Vijayasaṅgrāma 則爲七世紀人物，其在年代上，似無多大之不適當。又通鑑中記伏闍雄爲尉遲伏闍雄，蓋因不知伏闍爲尉遲之異譯而致然耳。僅就名稱言「信」似爲 Kirti 之義譯，因此語在梵文中可以作 mention, Speech, report 等解釋，應譯爲「戰」也。予輩在此得想像西藏關於此種傳載，甚爲混亂焉。又舊唐書所謂：「其王姓尉遲氏，名屈密」者，究爲何人何時之事耶？若其最初入唐爲 Vijayasaṅgrāma，則屈密似爲 Grāma 之對音，但於密之 final（末）所加之 t，實爲贅餘。斯坦因氏於 Yōtkan 得有 Sino-Karosthi 文字之古泉，據霍爾恩拉氏之研究，計有 Gugramada, Gugradama, Gugramaya, Gugramoda, Gugraida 等五王名。[十三] 而此屈密，或即 Gugramada 等之對音也。

如前所述，華台爾氏以為吐谷渾之中國語形之最初部分顯與 Drug, Drug-gu 屬同音，惟該氏復以吐谷渾為 tu-ku-hun 之音焉而沙畹氏讀之為 t'ou-yu-hoen, ⑬ 惟在予輩以為在中國古代信其應讀成 tú-luk-khun（t' u-yu-hun）也。在前漢書卷八宣帝紀五鳳四年春正月條中：「匈奴單于稱臣，遣弟谷蠡王入侍」之註曰「服虔曰谷音鹿……師古曰谷服音是也。」而後漢書卷四和帝紀，永元二年條內：「南單于遣左谷蠡王師子……」章懷註曰「谷音鹿。」同書卷四九耿弇傳附載之耿夔傳及耿恭傳並作「左鹿蠡王。」而同書卷七五袁安傳亦同，有「右鹿蠡王。」又同書卷一〇一杜篤傳之論都賦中亦有「釘鹿蠡」之句，惟章懷註曰「匈奴有左右鹿蠡王，前書作谷蠡。」然則谷與鹿為同音，卽至唐代，谷猶有鹿音，證之顏師古與李賢之註解卽能明瞭。惟自唐代史册繙譯而來之西藏文，以吐谷渾綴成 T'u-lu-hun, 以吐谷渾國書作 Tu-lu-hun gyi yul 矣。⑭ 然則吐谷渾之吐谷（鹿）最正確者為 Drug，而渾 (hun, kun, gun) 者乃 gu, gur, (gurun) 之對音也。蓋西藏作吐谷渾為 T'u-lu-hun 等，原係譯自中國，非其本來之語形也。

〔註〕 ㊀ Rockhill, The Life of the Buddha, p. 240.

㈡ Stein, Ancient Khotan (Appendixe), pp. 581-2.

㈢ 同上 P. 582.

㈣ 此碑之漢文及西藏文，內藤湖南博士曾於數年前，刊以珂羅版，分送史學會員。至其原拓本，聞係羅振玉氏贈予內藤氏者。且彼於史學會議第二十回之大會上，演講「拉薩之唐蕃會盟碑」一題，惟據史學雜誌第二十九編第五號所載該講演之梗概：「Waddell 氏在其著 "Lhasa" 中，關於此碑，未及一言」（八〇頁）恐此說爲筆者所誤也。實則 Waddell 氏曾於 "Lhasa and its Mysteries" p. 341 中，略記此碑之所在，在三六五頁中，更圖示之。惟關於詳述此碑之文，爲該氏所著 "Ancient Historical Edicts at Lhasa" (J. R. A. S., Oct. 1909) 之論文。若此論文發表於一九〇九年者，則日本內藤博士之講演，約早九年矣。該氏謂此碑爲德宗時之物，固屬誤說。

㈤ 內藤博士指此碑之西藏文中有 Yun Chun，謂即中國史書所載之羊同。其在 Waddell 氏之譯文中，則無此地名。縱然有此地名，其在音韻上亦與羊同頗異。

㈥ Journal of the Royal Asiatic Society, Oct., 1909, p. 937.

㈦ Sameka?

㈧ Cambriege History of India, Vol. I Ancient India, p. 85,

㈨ 于闐國之佛教，藝文，第四年第一號，一二一頁。

㈩ Sten Konow, Khotan Studies, (Journal of the Royal Asiatic Society 1914) p. 339 Sq 及 Rudolf Hoernle, Manuscript Remains of Buddhist Literature, p. XII.

(廿) 毗沙即毗沙門，Vriçravana 之對音也。此與吉祥天 Crimahadeva 同見於于闐建國傳說中。

(廿一) Stein, Ancient Khotan, Vol. I. p. 201 n. 19.

(廿二) Chavannes, Documents sur les T' ou-Kiue (Turcs) occidentaux, p. 372.

(廿三) Laufer, Loan-words in Tibetan. (T' oung-pao, Vol. 17, 1916, p. 415)

七　月氏烏孫之故地

關於河西地方月氏、烏孫之故地，今猶不免爲東洋史上之疑問。在史記卷一二三大宛傳中，僅列月氏故地曰：「始月氏居敦煌、祁連間。」至於烏孫，祇載曰：「（烏孫）昆莫之父，匈奴西邊小國也。」及至漢書卷六一張騫傳，始曰：「昆莫父難兜靡本與大月氏俱在祁連、敦煌間，小國也。」在此舉述昆莫之父名，且與月氏共處祁連、敦煌間。惟其間究係如何情狀，則不見傳載。固不待論祁連爲山名，在張掖（甘州）、酒泉（肅州）之南境，屬南山之一部，謂爲額濟納河（Etsin-gol）發源地方也。然據後漢書卷一一七西羌傳載：「湟中月氏胡，其先大月氏之別也。舊在張掖、酒泉地，月氏王爲匈奴冒頓所殺，餘種分散，西踰葱嶺。其羸弱者南入山阻，依諸羌居止。」若此所傳無誤，則月氏原處今甘州、肅州之地，卽遊牧於額濟納河流域者。又隋書卷八三西域傳載：「康國者，康居之後也。……其王本姓溫，月氏人也。舊居祁連山北昭武城，因被匈奴所破，西踰葱嶺，遂有其國。……」苟此昭武城爲漢書地理志或後漢書郡國志所見張掖郡之昭武縣時，則隋書所謂月氏舊居，乃今甘州之城名，此亦足爲月氏原以今甘州地方爲根據之左證也。然則月氏原居祁連山北，額濟納河流域，卽甘州、肅州之處；但烏孫在昆莫之父難兜靡時，若與月氏同居敦煌、祁連間，則可推察其民族居當時月氏之西，由肅州以至敦煌之地方，卽遊牧於黨(Tang)河、布隆吉爾(Bulungir)河流域者也。此外復見若干理由，此卽白鳥博士置月氏故地於東，卽甘州、肅州，而以烏孫在肅州以西至敦煌間之論據。㊀ 按後漢書，固爲宋人范曄所撰，其與前漢之年代頗多懸隔，況隋書成於唐初，故本此等所傳，原不足爲根本之史料也。但小月氏之居於祁連山附近，據漢書卷五五霍去病傳武帝之言：「遂臻小月氏，攻祁連山。」卽可瞭然。若就漢書卷九六西域傳：「其餘小衆不能去者，保南山羌，號小月氏。」而言，則認月氏故地在甘州環近爲穩當。因此，烏孫在昆莫父難兜靡時代，應視爲遊牧於今肅州以西，卽敦煌地方也。

惟據桑原博士在明治四十三年秋史學研究會中所發表者，卻與此擬定正相反對。謂烏孫故地，在今之甘州，卽漢代之張掖云。因此說可據史記、漢書立證之，故頗惹學者間之注意，大有一掃後漢書以降唐代諸書所傳之概焉。㊁ 予輩敬佩博士對於文獻用心之細密，同時，卻以不能贊同其說爲憾。夫博士所據史記、漢書之本文，皆係敍述張騫使烏孫說武帝之言，以及使烏孫說昆莫之言也。

史記大宛傳敍述張騫說武帝之言曰：

臣居匈奴中，聞烏孫王號昆莫。昆莫之父，匈奴西邊小國也。匈奴攻殺其父，而昆莫生棄於野，烏嗛肉蜚其上，狼往乳之，單于怪以爲神，而收長之。及壯，使將兵，數有功，單于復以其父之民予昆莫，令長守於西城。昆莫收養其民，攻旁小邑，控弦數萬，習攻戰。單于死，昆莫乃率其衆遠徙，中立，不肯朝會匈奴。匈奴遣奇兵擊，不勝，以爲神而遠之，因羈屬之，不大攻。今單于新困於漢，而故渾邪地空無人。蠻夷俗貪漢財物，誠以此時，今而厚幣賂烏孫，招以益東，居故渾邪之地，與漢結昆弟，其勢宜聽。聽則是斷匈奴右臂也。……

復敍張騫說昆莫言曰：

烏孫能東居渾邪地，則漢遣翁主，爲昆莫夫人。

然在漢書張騫傳中，合敍於張騫說武帝之言內，曰：

臣居匈奴中，聞烏孫王號昆莫。昆莫父難兜靡，本與大月氏，俱在祁連、敦煌間，小國也。大月氏攻殺難兜靡，奪其地，人民亡走匈奴。子昆莫新生，傅父布就翎侯，抱亡置草中，爲求食，還見狼乳之，又烏銜肉翔其旁，以爲神，遂持歸匈奴，單于愛養之。及壯，以其父民衆與昆莫，使將兵，數有功。時月氏已爲匈奴所破，西擊塞王，塞王南走遠徙，月氏居其地。昆莫既健，自請單于，報父怨，遂西攻破大月氏。大月氏復西走，徙大夏地。昆莫略其衆，因留居，兵稍彊，會單于死，不肯復朝事匈奴。匈奴遣兵擊之，不勝，益以爲神而遠之。今單于新困於漢，而昆莫地空。蠻夷戀故地，又貪漢物，誠以此時，厚賂烏孫，招以東居故地，漢遣公主爲夫人，結昆弟，其勢宜聽，則是斷匈奴右臂也。

又同書西域傳亦曰：

始張騫言烏孫本與大月氏共在敦煌間。今烏孫雖彊大，可厚賂招，令東居故地，妻以公主，與爲昆弟，以制匈奴。語在張騫傳。

敍張騫說昆莫曰：

烏孫能東居故地，則漢遣公主爲夫人，結爲昆弟，共拒匈奴，不足破也。

查史記與漢書所傳者，自屬同一事實。史記曰：「故渾邪地空無人」曰：「招以益東，居渾邪之地。」

又曰：「烏孫能東居渾邪地。」卽漢書所謂：「昆莫地空，」「招以東居故地。」「令東居故地。」「烏孫能東居故地」也。然則烏孫故地，卽渾邪故地。而渾邪故地，據漢書卷二八下地理志下載「張掖郡〔註〕故匈奴昆邪王地，」是烏孫故地，明係漢時之張掖郡，卽今之甘州，此乃桑原博士之論據也。初見此說，殆無間然，惟精讀史記、漢書之本文，對於「烏孫故地，卽渾邪故地」一語，甚多疑問焉。

固不待言，史記、漢書所載者，爲同一事實，因此，以爲渾邪故地卽昆莫故地，當無任何疑問。漢書明記：「昆莫地空；」而史記以渾邪故地爲昆莫故地。惟漢書中，如上所舉述，有「烏孫王號昆莫，昆莫父難兜靡本與大月氏俱在祁連、敦煌間，小國也。」之句，蓋與大月氏（月氏）同處祁連、敦煌間者，爲昆莫父難兜靡，而非昆莫也。因此，昆莫所居之地，旣不能證明與其父難兜靡所居之地相同，則烏孫在與月氏共居祁連、敦煌間時，當亦不能斷定其居月氏之東也。予輩對桑原博士所說，頗覺疑問者，卽在此點。

據史記大宛傳，則如前所舉敍述烏孫昆莫生長後之事蹟，曰：「及壯，使將兵，數有功，單于復以其父之民予昆莫，令長守於西城。」按此「西城」一名，王念孫等主張爲「西域」之僞㊂惟就「西城」二字論，不僅與事實不符，且在王充論衡卷二吉驗篇中亦言：「烏孫王號昆莫，匈奴攻殺其父，而昆莫生棄於野，烏啣肉往食之，單于怪之，以爲神而收長。及壯，使（將）兵，數有功，單于乃復以其父之民予昆莫，命令長守於西城。」明係採自史記之文，而均作「西城」焉。關於此「西城」一名，在史記大宛傳中敍述元狩二年（B.C.121）霍去病攻擊祁連山曰：「是歲，漢遣驃騎破匈奴西城數萬人，至祁連山。」㊃惟在漢書張騫傳載：「是歲，驃騎將軍破匈奴西邊，殺數萬人，至祁連山。」文中改「西城」爲「西邊」。（「數萬人」之上，史記中脫落一殺字甚明顯。）此事，在史記、漢書之匈奴傳，以及霍去病傳與漢書武帝紀等，均見及之。至於經路，相傳係出隴西，過居延海（Gashiun nor）「遂臻小月氏，攻祁連山」（霍去病傳）云。然則史記所傳西城（漢書所謂西邊）縱非一定之城名，想爲張掖即額濟納河流域地方無疑也。果若是，則昆莫生長後，匈奴單于令長守之「西城」，當指此地矣。不過張騫說武帝之昆莫西移前故事，若謂係第一次西使時在匈奴聞得者，則必較元朔三年（B.C.126）即張騫由第一次西使歸朝之年爲早。然就上述漢書張騫傳載：「及壯，以其父民衆，與昆莫，使將兵，數有功。時月氏已爲匈奴所破，西擊塞王。塞王南走遠徙，月氏居其地。」及史記大宛傳載：「及壯，使將兵數有功單于復以其父之民予昆莫，令長守於西城。昆莫收養其民，攻旁小邑控弦數萬，習攻戰。」就兩記事而論可知昆莫之居西城（卽張掖地方）乃月氏爲匈奴所驅逐後之事也。而渾邪王殺休屠王以降漢爲霍去病於元狩二年加以打擊之結果則可知在此年以前，渾邪王係據張掖地方而居者。然則昆莫之居張掖，在月氏西移後；而渾邪王之居此間則在昆莫西移後，可知昆莫之故地與渾邪王之故地實屬相同。同時，亦得證明昆莫與月氏非在同一時期內居住祁連、敦煌間者。要之，烏孫與月氏同處於祁連、敦煌間，乃昆莫父難兜靡時之事；因昆莫故地與渾邪故地同在張掖地方，故對於烏孫與月氏俱在祁連、敦煌間當時之相互所在，未有何等明顯之決定也。

又關於匈奴之西城，在史記霍去病傳及漢書同傳中均載武帝嘉奬霍去病之功績而有：「西城王渾邪王」之句。按此「西城王」，殆卽「西城王」之僞。果若是，則渾邪故地（卽張掖地方）之稱「西城」，愈覺具有明顯之理由矣。

〔註〕㈠ 烏孫考，第二回，史學雜誌第十二編第一號，六〇——六二頁。

㈡ 張騫西征考，續史的研究，四六——四七頁。

㈢ 讀書雜誌(三之六)「破匈奴西城數萬人」條。

㉒ 史記大宛傳以「是歲」爲元朔六年之次年，即元狩元年，此說實誤。「漢書」張騫傳改正之爲元朔六年後二年，即元狩二年是也。

八 月氏西移之年代

查匈奴與月氏之交涉，始自冒頓單于之時。卽冒頓東破東胡，西擊月氏，而致強大者，若謂在漢楚交戰時，則當在漢高祖元年（B. C. 206）至五年（B. C. 202）之間矣。關於此事，有白鳥博士之說，㊀何人亦無異論。其次匈奴與月氏之交涉，在孝文帝之時，據史記卷一一〇漢書卷九四匈奴傳，在其前元四年（B. C. 176）冒頓致漢之書中有曰：

今以小吏之敗約，故罰右賢王，使之西求月氏擊之。以天之福，吏卒良馬彊力，以夷滅月氏，盡斬殺降下之。定樓蘭、烏孫、呼揭，及其旁二十六國，皆以爲匈奴。

在此所謂「今以小吏之敗約」者，卽指孝文帝前元三年（B. C. 177）「匈奴右賢王入居河南地，侵盜上郡葆塞蠻夷，殺略人民。」而言。以是冒頓單于加月氏以大打擊者，當爲孝文帝前元三年或四年之事。但據史記大宛傳曰：「及冒頓立，攻破月氏，至匈奴老上單于，殺月氏王，以其頭爲飲器。

始月氏居敦煌、祁連間，及爲匈奴所敗，乃遠去。過宛，西擊大夏而臣之。」卽在漢書西域傳大月氏國條中，亦曰㊀：「至冒頓單于攻破月氏。而老上單于殺月氏〔王〕，以其頭爲飲器，月氏乃遠去過大宛，西擊大夏而臣之。」然則月氏不得不西移者，乃在老上單于之時也。

夫老上單于之嗣冒頓單于而立，因冒頓單于死於孝文帝前元六年（B. C. 174）之頃，故老上單于之立，當卽其時，此固毫無問題，惟其死年，頗多疑義焉。據史記匈奴傳敍述孝文帝於後元二年（B. C. 162）與匈奴和親，而次載：

後四歲，老上稽粥單于死，子軍臣立爲單于。旣立，孝文皇帝復與匈奴和親，而中行說復事之。軍臣單于立四歲，匈奴復絕和親，大入上郡、雲中，各三萬騎，所殺略甚衆而去。……後歲餘，孝文帝崩。

上文必有誤僞，蓋與本紀等所傳者，終難兩立也。卽視此「後四歲」爲「孝文後元二年之後四歲」與視作「孝文後元四年」，二者俱覺不妥。今試以「後四歲」視爲「孝文後元二年之後四歲」時，則爲孝文後元六年（B. C. 158）矣。若謂其年軍臣立，「軍臣單于立四歲，匈奴復絕和親」

云云，則應非孝文帝之時，乃孝景帝之前元二年也。但據史記、漢書之文帝紀，匈奴之大入上郡、雲中，乃孝文帝後元六年之事。況曰「後歲餘，孝文帝崩，」可知此事當在孝文帝之時。就實際言，孝文帝後元六年，匈奴大入；七年，孝文帝崩。又若視此「後四歲」爲「孝文帝後元四年」時，則其後四歲，而匈奴大入者，當爲孝景帝前元元年；此年爲孝文帝崩後一年，而匈奴大入，實則當在此前二年也。然則史記集解中徐廣引之而疑曰：「孝文後元七年崩，而二年荅單于書，其間五年。而此云後四年，又立四歲，數不容爾也。」實爲至當之論。

史記此文，班固似已注意其有誤矣。蓋漢書匈奴傳改史記之「後四歲」爲「後元四年」，復改「軍臣單于立四歲」爲「軍臣單于立歲餘。」但卽就此而論，猶與本紀所載不相符合。卽視此「後四年」爲「孝文帝後元四年」時，則經歲餘而匈奴大入者，當爲孝文帝後元五年之事；若以之視爲「孝文後元二年後之四年」時，則經歲餘而匈奴大入者，當爲孝文帝後元七年之事，二者據本紀所傳各生一年之差。

然則徐廣前已言之認爲史記文之誤僞，雖與班固之見解相同，然關於老上單于死，軍臣立之年代，卻與班固全異其趣。卽史記集解於軍臣立為單于之註中言曰：「徐廣曰：後元三年立。」推察其意，以史記之「軍臣單于立四歲」為正確，而認「後四歲」為誤偽也。蓋匈奴大入之年，乃孝文帝後元六年，此為確實不移者，而以軍臣立為四歲之事時，則軍臣之立，當在後元三年矣。然則此說極有力，卽如資治通鑑，卷一五亦從此說。其於孝文後元三年條中載曰：「是歲，匈奴老上單于死，子軍臣單于立。」且桑原博士亦以「史記匈奴傳註中東晉徐廣之單于記年，足以憑信者多，」為理由，而採此說焉。㊂ 至白鳥博士，似以史記之「後四歲」與漢書之「後四年」，視為孝文後元二年之後四年，而以老上死，軍臣單于立，為後元六年㊃ (B. C. 158) 惟其近時已放棄此說矣。

若是老上單于之在位，由孝文帝前元六年 (B. C. 174) 至後元三年 (B. C. 161)，則月氏之西移，卽此時之事也。在西洋之東洋學者間，固多異說，但概不足信，是以無一一評論之必要。但關於月氏之西移，決非一次之事，卽先由敦煌、祁連間，而西移至今伊犂地方，更由伊犂地方西移至 oxus 流域，計有二次；以之與史記、漢書所傳者相對照，殆無疑義。然則老上單于時 (B. C. 174-161) 之月氏西移，是由敦煌、祁連間西移歟？抑由今伊犂地方西移歟？從來學者對於年次上，雖有若干差異，然大率以老上單于時，月氏被逐於敦煌、祁連間，其理由之尤者，以史記大宛傳所敍月氏西奔之事曰：及「冒頓立，攻破月氏，至匈奴老上單于，殺月氏王，以其頭爲飲器。始月氏居煌敦、祁連間，及爲匈奴所敗，乃遠去，過宛，西擊大夏而臣之。」而漢書西域傳亦襲用此文曰：「至冒頓單于，攻破月氏，而老上單于殺月氏（王），以其頭爲飲器，月氏乃遠去，過大宛，西擊大夏而臣之。」至於史記所載，僅除去「始月氏居敦煌、祁連間」而已。苟將上文率爾讀之，得斷定在老上單于時，月氏由其河西故地移向西方 Oxus 流域，當非無理者，況觀及史記之「始月氏居敦煌、祁連間」一語，益覺其然矣。然再觀史記大宛傳，敍述烏孫昆莫生長後之事曰：

及壯，使將兵，數有功，單于復以其父之民予昆莫，令長守於西城。昆莫收養其民，攻旁小邑。控弦數萬，習攻戰。單于死，昆莫乃率其衆遠徙，中立，不肯朝會匈奴。匈奴遣奇兵擊，不勝，以爲神而遠之，因羈屬之，不大攻。

漢書張騫傳則曰：

及壯，以其父民衆與昆莫。使將兵，數有功。時月氏已爲匈奴所破，西擊塞王，塞王南走遠徙，月氏居其地。昆莫既健，自請單于，報父怨。遂西攻破大月氏，大月氏復西走，徙大夏地。昆莫略其衆，因留居。兵稍彊，會單于死，不肯復朝事匈奴，匈奴遣兵擊之，不勝，益以爲神而遠之。

按此兩文，雖敍同一事實，然史記僅言：「昆莫乃率其衆遠徙。」而不述其遠征之事實。至漢書所載遠徙之經過，傳係基於征伐月氏也。實則在史記中，烏孫與月氏之關係，殆未述及。因此，此兩民族之關係，當不外以漢書爲根據。惟在漢書，如右舉述，攻擊大月氏之塞王地（卽伊犂地方），係烏孫昆莫奉匈奴單于命而行。再大月氏之由伊犂地方「西走，徙大夏地」者，乃因昆莫攻伊犂，固彰彰明甚。但據史記大宛傳、漢書西域傳，月氏破匈奴「乃遠去，過宛，西擊大夏而臣之」者，可知當時昆莫屬匈奴，請於單于，而驅逐大月氏於伊犂也。若不如是觀察，則此兩種傳記，無法調和矣。然匈奴之對月氏，以最後打擊，所謂「至匈奴老上單于，殺月氏王，以其頭爲飲器。」其實是依昆莫而殺或虜月氏王，老上單于始得以其頭顱爲飲器也。因之，予輩對於史記，主據漢書所傳，昆莫之驅逐月氏於伊犂，得證實在老上單于之時焉。

根據上引史記大宛傳、漢書張騫傳所載，昆莫及壯，率其父之民衆，居屬於匈奴之張掖；及「旣健，」乃由今伊犂地方逐出大月氏，而據其地，仍屬匈奴，惟至「會單于死，」遂行獨立。按此單于，固不待言，即昆莫「自請單于報父怨」之單于也。此單于果為誰？據史記、漢書之匈奴傳及徐廣所修正者，得列表如左：

冒頓　秦二世元年（西元前二〇九）立　漢文帝前元六年（西元前一七四）死

老上　漢文帝前元六年（西元前一七四）立　同後元三年（西元前一六一）死

軍臣　漢文帝後元三年（西元前一六一）立　漢武帝元朔三年（西元前一二六）死

但史記大宛傳、漢書張騫傳所載昆莫生長及其獨立之事情，乃張騫第一次西使被匈奴俘虜時所聞。然張騫由第一次西使歸朝，係乘軍臣單于死歿之亂。然而史記大宛傳、漢書張騫傳所敘者，為「單于死」後之事也。即所謂「會單于死，不肯復事匈奴，匈奴遣兵擊之不勝，益以為神而遠之。」然則，此「會單于死」之單于，原非軍臣單于，乃以前之單于也。且據漢書西域傳，武帝於元封中（B. C. 110 105）以江都王建之女細君為公主，妻昆莫，據言當時昆莫已「年老」矣。但昆莫自請單于西逐大月氏於伊犂，猶傳為壯健之年。而此單于偶於其時死歿云。若此單于為軍臣單于時，則由其死年（B.C.126）至武帝之元封中，不過二十年前後耳。然在「單于死」之年，昆莫尚壯健，假定爲三十歲左右時，則武帝元封中僅約五十歲，猶不得謂爲「年老」也。由此而觀，所謂「會單于死」之單于，決非軍臣單于也。然則以此單于爲老上單于，則其死年爲孝文帝之後元三年(B.C.161)至元封中，約五十餘歲，若昆莫在其死年爲三十歲上下時，則元封中爲八十歲前後，恰與「年老」兩字相符。是以予輩視史記大宛傳、漢書張騫傳所記昆莫「自請單于報父怨」之單于，爲「會單于死」之單于，卽老上單于，而昆莫由今伊犂地方驅逐大月氏，使其不得不遠移於 Oxus 流域者，可斷在老上單于之時矣。

若果爲老上單于「殺月氏(王)，以其頭爲飲器，月氏乃遠去。過大宛，西擊大夏而臣之。」者，與「昆莫既健，自請單于報父怨。遂西攻破大月氏，大月氏復西走，徙大夏地。」所傳屬同一事實時，則大月氏之移居西方之 Oxus 流域，實因老上單于命烏孫昆莫加以攻擊之故，而烏孫昆莫之加大月氏以打擊者，係在今之伊犂地方。根據前舉漢書張騫傳之文，固甚明瞭。但卽在同西域傳，烏孫國條亦載：

〔烏孫〕本塞地也。大月氏西破走塞王，塞王南越縣度，大月氏居其地。後烏孫昆莫擊破大月氏，大月氏徙西臣大夏，而烏孫昆莫居之。故烏孫民有塞種、大月氏種云。

然則老上單于驅逐大月氏西移者，以烏孫昆莫當其事，且其驅逐大月氏使之西移，乃由今之伊犁地方起，當無誤也。惟其事若在老上單于死年之前，則當在孝文帝後元三年（B. C. 161）之頃矣。

然則月氏在何時，因何人，而由其故地敦煌、祁連間被逐於今之伊犁地方者，據漢書張騫傳，可知在老上單于時，至少在其末年，已占領伊犁地方矣。相傳其在老上末年，昆莫請於單于，以攻塞王故地（即今伊犁地方）殆無疑義。惟昆莫及壯，率其父之民衆，爲匈奴長守史記所謂之西城（即張掖地方）；及健，而攻今之伊犁地方之大月氏，其間遊牧於此地者，至少在十年前後，故月氏之被逐於此地，以視作在老上單于之前爲妥。何以故？史記、漢書皆傳單于之驅逐月氏僅一次，而如上所論，當不外即由今伊犁地方驅逐大月氏也。然予輩以爲據冒頓單于於孝文帝前四年（B.C. 17）致漢之書中，能決此問題。此書，如前所述，「今以小吏之敗約，故罰右賢王，使之西求月氏擊之。以天之福，吏卒良馬彊力，以夷滅月氏，盡斬殺降下之。」此言雖失之誇張，惟當時在漢廷，計議和戰可否，公卿皆曰：「單于新破月氏，乘勝，不可擊。」若是，則漢廷諸臣，得認爲不僅誇言也。若謂「盡斬殺降下之」，卽解作月氏民衆盡斬殺降下之，實不妥。蓋其後月氏分大小爲二，小月氏則阻於南山羌，而大月氏則現於今之伊犂地方。由此而觀，當非盡逐月氏離其河西故地而不留隻影也。然則月氏在孝文帝四年（或三年 B. C. 175 6）之頃，因冒頓單于而逐出敦煌、祁連間，至老上單于晚年（B. C. 162.1）復因昆莫而逐出今之伊犂地方。再觀冒頓單于致漢之書中，如上所述之文後接言：「定樓蘭、烏孫、呼揭及其旁二十六國，皆以爲匈奴。」因此證之，予輩所見，更覺確實。可見冒頓單于在河西地方，將月氏勢力一掃而盡，遂使其勢力擴張於西域。若月氏占據河西地方，則匈奴終難開拓其西域之門戶。因此，在西方諸國中，列舉烏孫者，殊堪注意。史記載：昆莫之父爲匈奴所殺，而漢書則謂爲月氏所殺。兩者所傳，極不一致。惟此所云定烏孫，當謂與昆莫以其父之民衆，使長守西城也。

然則史記大宛傳敍述月氏西走之事曰：「及冒頓立，攻破月氏，至匈奴老上單于，殺月氏王，以其頭爲飲器。始月氏居敦煌、祁連間，及爲匈奴所敗，乃遠去，過宛，西擊大夏而臣之。」此文究應如何解釋耶？按史記所載，如前舉大宛傳之例，烏孫昆莫與月氏之交涉，俱未言及。是以漢書昆莫驅逐月氏之傳載，若爲事實時，則應看做包含於「至匈奴老上單于，殺月氏王，以其頭爲飲器」之裏面也。因之，得謂此記事與今伊犂所起之事實相關聯。由是而觀，史記大宛傳之「及冒頓立」云云一節，當不外總括敍述冒頓由敦煌、祁連間驅逐月氏於今伊犂地方，而老上單于下之昆莫，更由今之伊犂地方驅逐大月氏於西方之 Oxus 流域也。若然，則不僅解釋「始月氏居敦煌、祁連間」一語，毫無妨礙，且對於「及冒頓立，攻破月氏」之文，亦有意義。至所謂「及爲匈奴所敗，乃遠去。過宛，西擊大夏而臣之」，意卽由今伊犂移向 Oxus 流域，依照字面解釋，當如此也。然在漢書西域傳大月氏國條，採取此文，以「始月氏居敦煌、祁連間」改作「本居敦煌、祁連間」，而將此句移於「至冒頓單于，攻破月氏」之前，殆所以避免月氏因老上單于而逐出敦煌、祁連間之誤解耳。

〔註〕㈠ 烏孫考，第二回，史學雜誌第十二編第一號六五頁。

㈡ 漢書匈奴傳敍述元帝於初元二年（B.C.47）遣韓昌、張猛與呼韓邪單于盟之事曰：「以老上單于所破月氏王頭爲飲器者共飲血盟。」

㈢ 張騫西征考，續史的研究，四〇頁。

㈣ 烏孫考第二回，六七——八頁。

九　焉支與祁連

焉支、祁連、折羅漫之山名，久爲學者聞之問題，迄今猶乏定論。焉支、祁連之山名，始見於武帝元狩二年（B.C.121）攻伐河西之時。試觀武帝經略匈奴之成績，其逐匈奴，取河南之地，而沿河固守者，乃元朔二年（B.C.127），當時河西地方，猶在匈奴休屠王及渾邪王之掌中。但武帝遣霍去病出隴西，過焉支山千餘里，而破休屠王，獲得其祭天之金人者，乃元狩二年之事。至此，焉支山一名方見於中國之史册中。查此焉支山，殆卽括地志所謂：「焉支山一名删丹山，在甘州删丹縣東南五十里」（「史記」匈奴傳正義所引）之焉支山，當無異議也。按删丹縣，卽今山丹縣。然在史記（卷一一〇）漢書（卷九四）之匈奴傳中，其次曰：「其夏，驃騎將軍復與合騎侯數萬騎出隴西、北地二千里，擊匈奴，過居延，攻祁連山，得胡首虜三萬餘人，裨小王以下七十餘人。」（史記）驃騎將軍者，爲霍去病，而合騎侯者，乃公孫敖也。此兩次打擊，使休屠王及渾邪王不得不降漢，而祁連山一名，至此始見於中國之史册中。此事件，復見於漢書卷六武帝紀及漢書卷五五霍去病傳。且祁連一名，在張騫第一次西使時，業已聞及其文曰：「始月氏居敦煌、祁連間。」（史記卷一二三大宛傳）惟關於其所在，顏師古執拗主張天山說，註於漢書霍去病傳之祁連山曰：「師古曰：祁連山即天山也。匈奴呼天爲祁連。祁音上夷反。」又在漢書卷六武帝紀天漢二年(B.C.99)條，有「夏五月，貳師將軍三萬騎出酒泉，與右賢王戰于天山」之句，引晉灼之說，註於天山曰：「在西域，近蒲類國，去長安八千餘里」；次曰：「師古曰：即祁連山也。匈奴謂天爲祁連。祁音巨夷反。今鮮卑語尙然。」然則顏師古以蒲類(Barkul)附近之天山爲祁連山，而霍去病傳之祁連山，與「始月氏居敦煌、祁連間」之祁連，皆同屬此天山也。因此，在漢書卷六一張騫傳：「(烏孫)本與大月氏俱在祁連、敦煌間，小國也」中，註曰：「祁連山以東，敦煌以西。」爰認敦煌以西，天山以東，爲月氏之舊地。但霍去病等所攻祁連山之非蒲類附近之天山，據當時霍去病等征行之經路，即可了然。其傳之最詳者，爲漢書霍去病傳所載武帝之言。即：

票騎將軍，涉鈞耆，濟居延，遂臻小月氏；攻祁連山，揚武乎鱳得。

文中之鈞耆，雖今難確知，惟居延，現猶遺有居延海之名，突厥語謂之 Gashiun nor,（額濟納河

Etsin-gol)，發源 Richthofen 山脈，經甘州渟沙中而爲水澤。但當時霍去病等出自北地（即今甘肅之西北部）者，殆即出自現今寧夏方面之塞，而於涼州北方之沙漠（即小戈壁之邊界）向西迂回，過今之居延海，沿額濟納河南行，可見當時小月氏之保於羌而居南山者，即到達 Richthofen 山脈之某地點矣。然則祁連山即此山脈之謂，在史記匈奴傳索隱中引據河西舊事註曰：「山在張掖、酒泉二界上，東西二百餘里。」其言頗得實，固不待言，張掖爲甘州，酒泉爲肅州。且武帝所謂「揚武乎觻得」，按觻得爲張掖置郡時，其首縣之名也。然則祁連山係指跨亙於張掖、酒泉南界之 Richthofen 山脈，略無疑義矣。實則通觀漢書所傳，天漢二年，李廣利與匈奴右賢王戰於天山時，始見有天山之名，在此以前，絕未見此名稱也。要之，武帝先自匈奴奪取河南之地，旋即經略河西地方，於其功成之後，始更用武於其西方。蓋在元狩二年，猶未收入河西於掌中以前，自不能遠出兵至蒲類附近之天山也。因此，顏師古以祁連山爲天山一說，由史記、漢書之本文觀，或由當時實際形勢觀，均難成立也。

夫河西地方之祁連山，在史記匈奴傳索隱中，引據西河舊事，而註曰：

山在張掖、酒泉二界上，東西二百餘里，(南)北百里。有松柏五木，美水草，冬溫夏涼，宜畜牧養。匈奴失二山，乃歌曰：失我祁連山，使我六畜不蕃息；失我焉支山，使我嫁婦無顏色。祁連一名天山，亦曰白山也。

然在同史記匈奴傳正義中，於焉支山引西河故事曰：

匈奴失祁連、焉支二山，乃歌曰：亡我祁連山，使我六畜不蕃息；失我焉支山，使我婦女無顏色。

其愍惜乃如此

於是可知正義之西河故事，無疑即索隱中之西河舊事也。至此書爲何人所作，則不明瞭。惟就隋書經籍志（唐書藝文志亦然）地理類中，著錄西河舊事一卷而觀，則其爲隋唐以前之舊帙，當無疑義也。然在酈道元之水經注卷二河水篇中引用此書曰：「葱嶺在敦煌西八千里，其山高大，上生葱，故曰葱嶺也。」由此而觀，可知此書在後魏時，業已刊行矣。然在索隱、正義中所引焉支、祁連二山之文，即在太平御覽，或宋樂史之太平寰宇記中，亦引用之。索隱曰：「祁連一名天山，亦曰白山也。」而正義曰：「其愍惜乃如此。」當係引用其文而添加之，未必西河舊事本文中有之也。今試舉太平御覽

○卷五所引用之文，僅言：

祁連山在張掖、酒泉二界，焉支山在刪丹故縣，東西百餘里，南北二十里。亦宜畜。匈奴失二山，乃歌曰：亡我祁連山，使我六畜不蕃息；失我焉支山，使我婦女無顏色。

此文或應視爲御覽編者節略西河舊事文而作，但在西河舊事中，於祁連山之外，另舉天山卽白山焉。後漢書卷二明帝紀，引用西河舊事曰：「白山冬夏有雪，故曰白山，匈奴謂之天山。過之，皆下馬拜焉。去蒲類海百里之內。」又同書卷七七班超傳亦引用西河舊事曰「白山之中有好木，匈奴謂之天山，去蒲類海百里。」凡此，皆係大加節略者，然太平御覽卷五○復引西河舊事曰：「天山高，冬夏長雪，故曰白山。山中有好木鐵。匈奴謂之天山。過之，皆下馬拜。在蒲海東一百里，卽漢貳師擊右賢王之處也。」上文中似於「蒲海」之蒲字下，脫落一類字，蓋漸與原文相近矣。然則在西河舊事中，明知天山爲白山，而與祁連山爲另一山也。故索隱中引據西河舊事之末文「祁連一名天山，亦曰白山也。」此文當爲司馬貞之畫蛇添足，或爲後人所另加，初非西河舊事之原文也。再史記卷一一一霍去病傳：「攻祁連山」之索隱中載：「小顏云：卽天山也。匈奴謂天爲祁連。案西河舊事；謂白山卽天山，祁連恐非也。可知司馬貞所見之西河舊事，顯明祁連山與天山（卽白山）有別，故以祁連山爲天山卽白山者，益足證明爲顏師古之臆測矣。

又關於祁連山之文字，在太平御覽卷八五八中，引用西河舊事曰：「祁連山宜牧牛羊，羊肥乳酪好。受寫略不用器物，刈草着其上，不解散。一斛略升餘酥。」寫，當爲瀉，兩略字皆爲酪之譌也。又太平御覽卷九六一引用同書曰：「連山有仙樹，人行山中，飢渴者，輒得之可飽。不得持去，平居時亦不得見。」按此文在連字之上脫落祁字也。綜合上舉各條，在西河舊事中關於祁連山之記錄，與見於北涼段龜龍涼州記，曰：

祁連山，張掖、酒泉二界之上。東西二百里，南北百餘里。山中冬溫夏涼。宜牧羊，乳酪濃好。夏寫酪，不用器物。刈草着其上，不散，酥特好。酪一斛，得升餘酥。又有仙人樹，行人山中飢渴者，輒食之飽。不得持去，平居不可見。（太平御覽卷五〇張掖之上脫在字）

雖有若干出入，但實則兩文頗類同也。至於西河舊事與涼州記二書，何者在前之問題，現難確定，惟西河舊事，曾爲水經注等所引用，由此推察，或較涼州記早出問世；故涼州記關於祁連山之記錄，想係抄襲西河舊事之原文也。

又關於焉支山，如前所舉在御覽中所引之西河舊事曰：「焉支山在刪丹故縣，東西百餘里，南北二十里。亦宜畜。匈奴失二山，乃歌曰。」云云，而太平寰宇記（卷一五二）所引西河舊事則曰：「焉支山一名刪丹山，東西百餘里，南北二十里。亦有松柏五木，其水草茂美，宜畜牧，與祁連山同。匈奴失祁連、焉支二山，歌曰：……。」在此可見御覽中節去「亦有松柏五木，其水草茂美」之二句。果若是，則涼州記所傳：

焉支山在西郡界，東西百餘里，南北二十里。有松柏五木，其水草茂美，宜畜牧，與祁連同，一名刪丹山。」（太平御覽卷五〇）

此文亦與西河舊事之文略同，惟略去失此二山時匈奴所歌之歌詞耳。文中所謂「西郡界，」明係「郡西界」之倒置。至其所在，則如前所述，據括地志「焉支山一名刪丹山，在甘州刪丹縣東南五十里。」即可了然；且如涼州記所載「在西郡界（郡西界）」一語，可知此山在涼州與甘州之境上矣。在今山丹縣附近額濟納河之上流，有所謂山丹河者。可見此河發源之山，爲焉支山，一名刪丹山也。

夫西河舊事，如前所述，爲北魏以前，至少係水經注以前之書籍，然決非晉前之物也。是以在匈奴失去焉支山及祁連山時，即由武帝元狩二年（B.C.121），約經四百年耳。惟在匈奴失此二山時，傳於此書而作歌者，乃始見於此書，未聞漢魏諸書傳之也。職是之故，此事頗有可疑之餘地，即所謂焉支山是否由焉支顏料而得其名？殊使人疑惑不解焉。查紅藍及其所製之紅色顏料，在北魏之頃，栽培實相當普遍，至其製造，在北魏賈思勰之齊民要術卷五中，曾說明紅藍種法，並取其染紅，及製造燕脂之法。而此染紅，以當時涼州所出者爲最良，試檢閱北魏書，亦見有其例證之記事焉。例如該書卷二六尉古眞族玄孫尉古聿傳，即是也。據其所載，肅宗時，（A.D.516-529）領軍元乂專權，百僚咸服其威，獨聿不爲所屈。曰：

尋出爲平西將軍、東涼州刺史。涼州緋色，天下之最，乂送白綾二千疋，令聿染，拒而不許。

可見當時涼州紅藍所染之緋色，冠絕於天下也。然焉支山實處涼州與甘州之邊界，據西河舊事，謂爲匈奴婦女顏色之產地。因此，焉支與燕脂，不過同音異字，而紅藍即Safflower (Carthamus tinctorius)所製者也。按此說，在晉時已一般行之，如崔豹所著古今註卷下中載曰：

燕支葉似薊，花似蒲公，出西方，土人以染，名爲燕支。中國人謂之紅藍。以染粉爲面色，謂爲燕支粉。

在此，雖不曰焉支，而作燕支，但在西河舊事中之焉支，同爲婦女之顏色，殆無疑義也。且古今注復謂「出西方」與「中國人謂之紅藍」由此以觀，所謂「西方」，似卽西域，惟察知在北魏時代，涼州緋色，冠絕天下，故所謂「西方」，乃河西地方之謂也。但土人名之曰燕支者，可知焉支、燕支，俱爲外國名耳。不過，焉支、燕支、燕脂爲紅藍（卽 Safflower）或由此製成之染紅，或與其他顏色，就文獻上言，似至晉代始知之。然此外國產物，在晉時，已於焉支、燕支、燕脂等外國名之外，復有紅藍之中國名，據此想像，其移入中國，當在晉代以前之時矣。按古今注一書，固足怪異，而附載之者，爲晉張華之博物志。根據此書，謂此植物，係張騫由西域帶來。査此記事，雖不見載於今傳之博物志中，但在宋趙彥衛之雲麓漫抄一卷載：

本草，紅藍花，堪作燕脂。……一名黃藍，博物志云：黃藍，張騫所得。……近世人多種之。收其花，候乾以染帛。色鮮於茜，謂之眞紅，亦曰乾紅。目其草曰紅花。以染帛之餘，爲燕支。乾草初漬則色黃，故又爲黃藍也。

固不待言，此植物係張騫傳自西域，按博物志載張騫出使西域，獲得安石榴、蒲桃、胡桃之類，原不足信，惟由晉人張華之言推之，此植物與蒲桃（葡萄）、安石榴、胡桃等，在距晉之前代，已移入中國，殆無疑義也。查蒲桃又作蒲陶，已於司馬相如游獵賦（文選卷八）中：「櫻桃蒲陶」見及之。至其移入（至少其知識）似在張騫西使之前後，而紅藍之移入河西地方，當遙在其以前也。盤據此地之休屠王，其祭天之金人，固非佛像，殆亦非發源於西方矣。然則焉支山之焉支，相傳爲婦女顏色所自出之西河舊事記載，不得謂爲後世之附會也。

若是，中國所傳之紅藍或由此製成之顏色，其外國名，計有焉支、燕支、燕脂等，以此外國名，試解釋匈奴之后號閼氏者，晉史家習鑿齒也。史記（卷一一〇）匈奴傳索隱，引用「與燕王書」曰：

山下有紅藍，足下先知不？北方人採取其花，染緋黃，挼取其上英鮮者作烟支，婦人採將用爲顏色。吾少時再三過見烟支，今日始親紅藍，後當足致其種。匈奴名妻作閼氏，今可音烟支，想足下亦不作此讀漢書也。

上文，在北堂書鈔卷一三五亦引用之。文中「足下先知不」之知下，當有一之字，而「其上英鮮者」之其字下，應無上字，「婦人採將用爲顏色」之「採將」，當爲「粉時」，夫如是，方覺其宜。據晉書卷八二習鑿齒傳，鑿齒與釋道安一同致北者，乃前秦苻堅攻晉陷襄陽之時也。然則此事爲東晉孝武帝太元四年（A.D.379），此書乃其北致後，寄與南方之知人者也。查當時河西地方，歸苻堅所領有，故所謂「山下有紅藍」之山，或即指焉支山而言，惟因其未舉山名，難以臆測。文中之所謂烟支，因與焉支、燕支、燕脂等名相同，不過異其字耳。習鑿齒擬以此解釋匈奴之后號閼氏焉，卽閼氏與匈奴語之烟支（焉支、燕支、燕脂）爲同音，故想像其有同一之意義。換言之，閼氏者，實由婦女所用顏色一名而來。蓋閼氏與焉支、燕支、烟支、燕脂之音極類似，若照王充論衡卷一六亂龍篇所載：

金翁叔，休屠王之太子也，與父俱來降漢，父道死，與母俱來，拜爲騎都尉。母死，武帝圖其母于甘泉殿上，署曰休屠王焉提。翁叔從上上甘泉，拜謁，起立向之，泣涕沾襟，久乃去。

則閼氏復作焉提。然而提爲題音，同時並有時與是之音，皆與支相通也。然則焉提卽閼氏，得與焉支爲同音也。史記索隱「閼氏舊音曷氏」，於文字之頭音，僅有 Nasal（鼻音）之 final（終點）

此中國對外國語之音譯，不乏其例，故焉提、焉支、燕支、烟支、燕脂等與閼氏同，對於 es, eš, as, esi, aši, asi, aši, 等，毫無不妥也。夫以閼氏爲與烟支（焉支）爲同語，固係附鑿者之私見，除音之酷似外，絕無若何證據可尋也。因此，白鳥博士以爲閼氏與焉支（烟支）全屬別語，以匈奴之閼氏，在東胡語中，爲具有妻意之 asi, aši, 之對音；而以焉支爲 Yen-Ki 音，乃蒙古語之ünge, öngö, üngü, 及突厥語之 üng, öng, öngün, üngün 之對音，謂：「此語之原義，應爲色，光彩，惟由此一轉而爲顏色，容貌，或以顏色爲粧飾之花粉，花英等。」（西域史上之新研究第四回東洋學報第三卷第二號一八〇—一八三頁）元來，博士向謂匈奴之主體爲蒙古人，而與東胡人(Tunguse)混合者，故採閼氏爲東胡語 asi, aši, 妻義之對音，然而突厥語亦有 eš Yš 二語，俱有 compagnon, époux, égal; L'une des deux parties d'un Couple 之義，（Zenker, Dictionnaire Turc-Arabe-persan, tome I. p. 52）得與閼氏、焉提之音相對也。博士以爲閼氏與焉支，全屬別語，殆即爲此，然就閼氏又稱焉提一事觀察，則此兩者在音韻上，不得不謂係極相近似之語也。故此，予輩對於博士以焉支爲 Yen-Ki 音，不能設想之，至謂爲蒙古語之 ünge, öngö, üngü,與突厥語之 üng, öng, öngün 之對音，亦難贊成，此語雖有色、光彩之義，但是否有粧飾顏色的花粉、花英之義，則亦不過博士之想像而已。固不待論，紅藍即 Saflower（Carthamus tinclorius）栽培於埃及與印度，爲時頗古，尤以由印度輸出黃色及紅色之染料爲多。按此植物之梵文名乃爲 kusumbha，在近世波斯語爲 gāwdžila 阿剌伯語爲 qurtum，不問何語，皆與焉支、燕支、烟支等不相類似也。據勞菲耳氏，以爲此植物由印度傳入中國，則中國學者應明表其梵文名，但實際則否，大概係由伊蘭地方傳入中國，燕支、烟支等語於今已亡失，或者係屬一種未知之伊蘭語也。(Sino-Iranica, p. 327) 是故氏亦未能發見其語源也。

予輩以爲焉支、燕支、燕脂與閼氏，焉提爲極相近似之語，而信閼氏、焉支、燕脂俱係突厥語 eš 或 yš 及其他原形之對音也。若是，則焉支、燕支、烟支、燕脂皆信其爲突厥語 ašy 或其他原形之對音矣。查此語有 terre rouge 之義，復有 Pollen 義，(Zenker, Dictionnaire tome I, p. 56) 誠與古今注之「以染粉爲面色，謂爲燕支粉」及習鑿齒之「採取其英鮮者作烟支，婦人粉時，用爲顏色」等語相符合。況在近世波斯語中有 ghāza, ghāzha 之語，而斯太因格斯(Steingass)氏均以之解釋爲 rouge for the face. (Persian English Dictionary., p. 878。)蓋 ašy 之突厥語與此語有關，而紅藍之波斯名 gāwkžīla 之 gāwdži，想亦然也。

其次爲祁連山，如前所述，在西河舊事與涼州記中，均不傳此山爲天山。因此，祁連一名，是否合有天字義，則不明也。況西河舊事所載祁連山與天山，截然有別，若謂爲天山，則在蒲類海東百里，即貳師將軍擊右賢王之處也。實際上，見於史記及漢書之天山一名，始於天漢二年(B.C.99)李廣利出酒泉，與右賢王戰於天山之時。而晉灼註於漢書武帝紀之天山曰：「在西域，近蒲類國，去長安八千餘里。」顏師古雖引用此說，然復曰：「即祁連山也。匈奴謂天爲祁連。祁音上夷反，今鮮卑語尙然。」顏師古始終一貫以祁連山爲天山，徵之月氏故地之「敦煌、祁連間」之註：「祁連山以東，敦煌以西，」即可明瞭，若在此不以祁連山解作天山，則其意義有缺陷矣。然因祁連爲天山，故以祁連爲天，偶以鮮卑人對於含有天意稱祁連，或類似語，於是發生此說。按顏師古以祁連爲天山之謬誤，乃後世學者一般所承認者，惟何故信其言「匈奴謂天爲祁連」耶？蓋在唐代鮮卑人間，謂天爲「祁連」或其類似語，顏師古信賴之，而曰：「今鮮卑語尙然，」此語縱可肯定。然遂以爲匈奴謂天爲祁連，從而以天山爲祁連山，此不過顏師古本其誤解而臆測，初無何等證據也。

白鳥博士以祁連具有天字義，爲匈奴語，最初想爲突厥語中含有青意 Kük 之複數 Kükler 之對音，後由青而轉成天字之義。（Die sprache der Hiung-nu, p. 8）旋復謂顏說未必可信，想爲同突厥語含有雪字義之 kiran，（烏孫考史學雜誌第十一篇第十一號一三頁）及後又謂匈奴非突厥族，乃是以蒙古族爲本體，而混入東胡族者，於是又以爲乃滿洲語有天字義 Kulun 之音譯。（蒙古民族史之起源史學雜誌第十八篇第四號三〇頁西域史上之新研究東洋學報第三卷第二號一八五頁）博士最後之考定，與顏師古「今鮮卑語尙然」一語相合，且勞菲耳氏謂：「據予私見，其（祁連）與含有同樣意義（天）之滿洲語 Kulun，似有關係。」（Sino-Iranica, p. 326, n. 8.）東西學者之所見，恰不謀而合矣。不過勞菲耳氏繼言：「根據 Watters(Essays, p. 362) 及 Shiratori (Sprache der Hiungnu p. 8) 所與之解釋爲不正。」此指白鳥博士之 Kükler 說，尙未知其後博士改爲 Kulun 說也。實則白鳥博士最初之 Kulun 說，在史學雜誌第十八篇（明治三十九年，西元一九一〇年）上發表，尋於東洋學報第三卷（大正二年，西元一九一五年）中再言之，是以遙較 Sino-Iranica 之出版，西元一九一九年爲早也。又以勞菲耳氏與白鳥博士所說爲非者，有瓦特爾（Watters）氏之說，讀祁連爲 Si-lin, 曰：「此語宜如何表示，殊難確定，擬以之爲梵文中之 isvāra, 卽 esrun 或 asrun（古書作阿昔倫）之舊轉訛，亦非不可能。按此名今猶活用於蒙古語中，亦有以之爲山名者。」（Essays on the Chinese Language, p. 362）氏所考定，如彼自身所言，並非確信之說，僅試論之耳。若以之爲匈奴語，則當不致早入梵文中，若以之爲唐代之鮮卑語，則所謂天，其意義似有差異也。然則白鳥博士及勞菲耳氏之 Kulun 說，究如何？匈奴謂天爲祁連者，乃由顏師古之誤解而起之臆測，他無何等之證據，故暫置之弗論。至其以之視爲唐代之鮮卑語，將祁連對 Kulun，就音韻言，稍覺無理。據漢劉熙之釋名有曰：「瀾連也」，又曰：「鄰連也」，連之爲 Lan, Lin 音，古代固如是，惟似無 lun 音也。然則其在佛書之繙譯等，亦有以連對 ran, lan 焉。例如大唐西域記，譯 Nairanjana 爲「尼連禪」，在本行經中作「尼連茶那」；又如繙譯 Hiranyavati, 泥洹經作「熙連」，佛國記書「希連」。其他繙譯 Nirgrantha, 爲「尼乾連陀」「尼乾連」；繙譯 Mugalan 爲「目犍連」「目連」等，皆以連對 ran, lan 者也。又在北魏書卷一〇三蠕蠕傳記載大檀之子吳提，稱作勑連可汗，史臣解釋之曰：「魏言神聖也。」按蠕蠕之可汗號，俱得解釋為蒙古語，此勑連即蒙古語含有天神意義 Tegri (n) 之音譯也。然則此即以連對 ri 或 rin 者。此與釋名將連、鄰、為同音相一致，而連復與靈、零、令為同音焉。然以連有 lun 音，予輩猶未之聞。職是之故，羽田博士亦對此點懷疑。曰：「以-ien 韻對連，而認 Kulun 之 -un 是否適當？尚有討論之餘地。」若是，則博士殆以祁連「不外為漢語之天之轉音。」（天與祇與祁連史林第九卷第一號八頁）但此說並非創自羽田博士，其在漢書（卷六）考證中，齊召南已曰：「祁連固即天字。」可知其流傳於中國民間，為時已久，但據博士之研究，與以學術的基礎，固不待言也。然博士復為顏師古所誤，而深信「匈奴謂天為祁連」一語，且引出匈奴後裔赫連勃勃之赫連，以冀符合。按晉書（卷一三〇）赫連勃勃傳曰：

朕之皇祖，自北遷幽朔，姓改姒氏。音殊中國，故從母氏為劉氏。而從母之姓，非禮也。古人氏族無常，或以因生為氏，或以王父之名。朕將以義易之。帝王者繫天為子，是為徽赫、實與天連，今改姓曰赫連氏。……

按此赫連，初不僅由「徽赫、實與天連」之意義中生出，且以含有天字意之匈奴語，而附會漢字解釋者;惟在赫連與祁連之間，就音韻言，卻有相當距離也。博士以赫音 Khak, 謂其尾聲之入聲音 k曰「在與次語相連接時，則脫落者多」(同一〇頁)此在輕輕處理時，固然，但在正當解釋上，則不能容也。(除前項尾音與後項頭音純熟之外) 蓋赫字一音，古來通例似爲 Khak, 然亦有釋 Shak, Shäk 音(爾雅釋文)與閱 gäk, gäg 音,(「前漢書」孝成趙皇后傳)由是而觀，此字無疑當有 Khak, Khäk, gak gäk 等音焉。其在此字之原音「赤」中，視有 Shäk, Shäk 之兩音，略無可疑。然則以此字爲突厥語之 Kök,gök gög (ciel firmament bleu de ciel)之對音，無何不妥也。若以「連」爲突厥語複數語尾之 ler 時，則赫連之對 Kökler, gökler, gögler, 實最適切，而得解釋爲含有天字義之語焉。固不待論，在今突厥語中，gök 字爲空之意義，而 gökler 爲天之義。若夫顏師古之誤解祁連爲天，而曰：「今鮮卑語尚然」之鮮卑語，如白鳥博士與勞菲耳氏所言，果爲東胡語之 Kulun 乎?抑爲突厥語之 gökler, gögler 乎?幾不明瞭，惟由赫連等之例推之，顏師古意中之鮮卑語，或卽 Kökler, gökler 歟。若言鮮卑普通卽東胡語，但在北魏之官名中，視爲直懃 tegin 時，則其語中混有突厥語甚多，殆無疑義也。

試謂祁連山爲天山，乃出於顏師古地理上之誤解，而所謂鮮卑語亦無適切對祁連者，不過音韻上有若干類似時，則祁連一語，是否果含天字義，不無疑問也。關於此山之記錄，在顏師古前，遺有詳細之敍述者，如前所述，唯西河舊事與涼州記二書而已。按此二書著者，似爲地方之作，（涼州記之著者，明係地方人。）較之顏師古等，卻明瞭其地方之地名意義，雖有如是之便利，然猶不稱祁連山爲天山也。以祁連山爲天山，而含有天字之義者，實始於顏師古，但祁連山之爲天山，明爲誤解，而祁連之爲天字義，殆係以此誤解爲基礎，不過欲藉此附會於唐代之鮮卑語，以作旁證耳。若謂此考斷有相當根據，則如齊召南及羽田博士之祁連卽天說，誠爲有趣之考斷；況如羽田博士之主張，雖爲有益之考察，惟頗爲遺憾，予輩難表贊同也。

若以顏師古之祁連山卽天山說，祁連卽天說爲無根據，而完全本其誤解所成之臆測時，則此山名，果係如何發生耶？至顏師古已如前所述，註於漢書武帝紀之祁連山曰：「祁音巨夷反；」而註於同書霍去病傳之祁連山曰：「祁士夷反。」對於同一之山名，一作「巨夷反，」一作「士夷反，」可見其對於此山名，缺乏一定之見解，但均謂「祁連」爲天者，殊覺奇妙。固不待論，此二音，係相轉而得，然其爲山名當一定不移者也。按祁，不僅如顏師古所擧之二音，古來至少有三音也。例如毛詩召南采蘩章「被之祁祁」之毛傳中曰「祁祁舒遲也，」陸德明之音義記「祁巨私反；」又在豳風七月章「采蘩祁祁」之毛傳中曰「祁祁衆多也，」音義載：「祁巨之反，一音上之反；」又在小雅吉日章「其祁孔有」之毛傳中曰：「祁大也，」音義記「祁毛巨私反，又止之反。」可知祁之有 Ki, Ši, 音亦如顏師古所言也。此外，在大雅韓奕章「祁祁如雲」之毛傳中，曰：「祁祁徐靚也，」音義載：「祁豆移反。」然則祁字復有 ti 一音焉。其在漢代，祁字之有 ti 音者，證之史記卷五四曹相國世家「祁善置」之集解中「晉灼曰：祁音坻，」索隱中曰：「司馬彪郡國志穀熟縣有祁亭，劉氏音遲，又如字。」而得知之。遲者，復與待值，相適用也。然則此祁字有 Ki, Ši, ti 之三音，惟就祁字之製作上觀，或由其音所示之 Ši 觀，殆爲原音也。若是則祁連復可讀作 Kilan, Kilin, 但通常當係讀作 Silan, Silin 者。顏師古註於祁連之祁曰：「巨夷反，」復曰「士夷反；」特於「巨夷反」處，而曰：「今鮮卑語尙然，」在「士夷反」處則無之，由是以觀，蓋卽以祁連含有天字意，而附會於鮮卑語 Kökler 者，特採祁之「巨夷反」之音歟。然尙不捨棄「士夷反」之音者，蓋對此山名，從古來相傳之讀法耳。至在顏師古之祁連山卽天山說以前，關於此山，根據西河舊事或涼州記之所傳，則如前述，所謂：「冬溫夏涼」，「美水草」而「宜畜牧」，自失此山，遂發生匈奴之歌也。然則山名或卽緣此而起者。至言突厥語之 Serin(Sirin)，乃爲 frais 之義，而 Serinlik 則含 fraicheur, frais agréable 之義。(Zenker, Dictionnaire tome II, p. 508) 此固僅爲予輩之想像，惟祁連山之祁連，豈非對此 Serin (Sirin) 耶！在現今之突厥語中，固不知其古形爲如何，然就其音言，與意義言，頗覺與此山適切也。

十 大宛貴山城與月氏王庭

夫漢之所謂貴山城，爲 Kâsân 歟？抑 Khujandah 歟？對此問題，從來學者之主張，已於桑原教授之論文大宛國之貴山城中，詳悉之矣，當無另行畫蛇添足之必要也。惟自教授於該論文中復活 Khujandah 說後，尋見白鳥教授之大宛國考文，於是論壇上，春花怒發。兩教授所研究者，俱極精緻，在此問題之解決上，得進一步，幾無予輩容喙之餘地。然予輩對此問題，猶持若干意見，且不幸與桑原教授所研究者，結果全屬相反；即與白鳥教授之論旨，亦異其趣；是以予輩爲闡明自身之立場，故對舊說，略施改訂，藉供大方之參考，初非好辨立異也。

桑原教授謂問題中之貴山城非 Kâsân，而爲 Khujandah，白鳥教授前爲 Kâsân 說，惟自研究貳師城後，（想係如此？）謂李廣利所攻大宛之都城爲貳師城，其後始移 Kâsân 云。是以教授指貳師爲 Nisa 之音譯，其城爲今之 Marghelan，或在此都市旁近之 Shahimardan

流域也。予輩熟讀兩教授之主張，啓蒙得益處固多，但猶支持貴山 Kâsân 說，不僅不感有放棄此說之必要，且信貳師城亦爲 Kâsân 城焉。

貴山一名，不傳於史記，僅見貳師之稱。此點，桑原教授未與以考慮也。至白鳥教授則以貳師城與貴山城有別，曰：「近來精讀史記大宛傳而玩索之，始知武帝討伐此國之都城爲貳師城，非貴山城。」以李廣利所攻之貳師城爲大宛之都城，據史記文證之，而想像曰：「若史記較漢書所記之時代稍前，則漢書所載大宛都城之貴山城，當爲自貳師城遷移之第二都城也。」次求貳師城之所在：曰「際此推斷時，其唯一之好關鍵，乃爲郁成城。」而斷定郁成爲 Osh. 予輩對於以李廣利所攻之貳師城爲大宛之都城，原無異議。又教授以新唐書西域傳之貳師城，不擬爲唐代蘇對沙那（卽今 Ura-tübe）亦無異議。惟予輩對於教授推定貳師城，以唯一好關鍵之郁成爲 Osh，首先難表贊同，因此，對於貳師城，自亦發生異論矣。

査教授考斷郁成爲 Osh 之理由，一因郁成在大宛之東邊，二因李廣利等征行路徑，必先至 Osh，三因郁成與 Osh 之聲音相類似，四因 Osh 在 Baber 時，爲與 Kâsân 爭雄形勢之地。

且曰：「以郁成城爲 Osh 時，所應了解者，因漢之壯士車令等詈宛王，歸國途次，郁成城王遮而殺之。李廣利到達大宛，首先攻落郁成城，然後圍困宛城。又王申生等較本軍後至大宛時，首先即向郁成城強索糧食。」蓋郁成爲宛城之門戶重鎮也。凡去宛城者，勢必經其地。且如教授所引用者，史記曰：「宛貴人怒曰：漢使至輕我，遣漢使去，令其東邊郁成，遮攻殺漢使，取其財物。」可知此城必在大宛之東。然予輩略言之，以爲史籍敍述西行時，往往對於南北屈曲者，仍稱曰西。是以此處之東邊，不妨視爲東北或東南也。又關於李廣利之征行，據史記載其第一次（卽前行）之情形曰：

是歲太初元年也……貳師將軍軍既西過鹽水，當道小國恐，各堅城守，不肯給食，攻之不能下。下者得食，不下者數日則去。比至郁成，士至者不過數千，皆饑罷。攻郁成，郁成大破之，所殺傷甚衆。貳師將軍與〔李〕哆、〔趙〕始成等計，至郁成尚不能舉，況至其王都乎？引兵而還。

復敍其第二次（卽後行）之情形曰：

於是貳師後復行，兵多，而所至小國莫不迎，出食給軍。至侖頭，侖頭不下，攻數日，屠之。自此而西，平行至宛城，漢兵到者三萬人。宛兵迎擊漢兵，漢兵射敗之。宛走入，葆乘其城。貳師兵欲行攻郁成，恐留行而令宛益生詐，乃先至宛，決其水源移之。則宛固已憂困，圍其城攻之四十餘日其外城壞。……

又曰：

初，貳師起敦煌西，以爲人多，道上國不能食，乃分爲數軍，從南北道。校尉王申生、故鴻臚壺充國等千餘人別到郁成，郁成城守，不肯給食其軍。王申生去大軍二百里，偵而輕之，責郁成，郁成食不肯出。窺知申生軍日少，晨用三千人攻，戮殺申生等，軍破，數人脫亡，走貳師。貳師令搜粟都尉上官桀往攻破郁成。郁成王亡走康居，桀追至康居。康居聞漢已破宛，乃出郁成王予桀。……

白鳥教授謂漢書關於西域記事中所稱南北道，計有二路，一爲西域傳所見者，一爲陳湯傳所見者。陳湯傳之南道恰當西域傳之北道。而曰：「此交通路由 Kashgar（疏勒）往 Irkestam（捐毒），自此越葱嶺，或由 Terek 山頂或由 Talduk 山頂以出 Osh，乃至 Fergana 平地。」此說殆無誤。又教授謂陳湯等所目指之敵，爲盤據康居東之郅支單于，故以由特殊之南北道爲便。但李廣利之目的，在至大宛之貳師城，當無與陳湯等採取同道之必要。因此，教授所言，僅一部份爲然耳。但教授所謂貳師將軍屬下軍兵所通過之南北道，爲普通之南北道（即西域傳所載者）歟？果如何？且教授以爲李廣利之本隊，取普通之北道至疏勒，越葱嶺，經大宛郁成之旁，而赴宛城（即貳師城）；王申生之一隊，乃由普通之南道，自疏勒與李廣利取同一道路而至大宛之郁成者，果如何？蓋西域傳之南北道，爲教授所謂普通之南北道，即「自玉門、陽關出西域有兩道，從鄯善傍南山北，波河，西行至莎車，爲南道。南道西踰葱嶺，則出大月氏、安息。自車師前王廷，隨北山，波河，西行至疏勒，爲北道。北道西踰葱嶺，則出大宛、康居、奄蔡焉。」固不待論，此南道亦由莎車(Yarkand)出疏勒而至大宛，惟爲就食計，故分軍而取：「乏水草，又且往往而絕邑，乏食者多。」（大宛傳）之南道者，王申生等之一隊，當不致由此路赴大宛也。且李廣利之本隊，據史記所載，在第二次之征行時，亦無通過郁成傍之形迹，由侖頭（即輪臺）平行至宛城，即所謂貳師城也。於是在宛城近旁破宛兵，宛兵城守，就「貳師兵欲行攻郁成」一語觀，益覺李廣利之本隊在未至宛城前，不曾通過郁成近旁。李廣利在第一次征行時，被困於郁成。故其第二次征行，爲就食計，親率本隊，逕向貳師城，復命申生等取郁成。惟郁成當大道，爲軍事行動上衝要處，且申生等一隊，應來此方，故自破宛兵於宛城近旁後，即攻取郁成。

然則當時漢軍之征行，究由何道在漢代除漢書西域傳之南北道外，復有南北道，試觀陳湯傳，卽可明瞭。是以其南道，如該傳所謂「其三校從南道踰葱嶺經大宛」者，卽白鳥教授所謂西域傳之北道與「自車師前王廷隨北山波河西行至疏勒」者相同，卽由今 Karashahr 沿 Tarim 河，至 Kashgar（疏勒）自此經 Irkestam（捐毒）而至 Osh 之道也。按捐毒之爲 Irkestam，依教授之研究卽明瞭。其都城衍敦谷之衍敦二字，或卽 Irkestam 之音譯。由此至 Gultcha，若以葱嶺山頂爲今之 Kindshabai 時，則捐毒一名，想卽此山頂所遺留者。是以此三校之入大宛，爲攻擊居於康居東之郅支單于，實有注意之必要。換言之，卽應視爲由大宛至都賴水上之郅支城也。（據白鳥教授，謂都賴水爲 Talas）在陳湯傳中，雖未傳此三校之結局，但以意度之，可視爲與陳湯等之本軍相合倂。又陳湯傳之北道，卽所謂「其三校都護自將發溫宿國，從北道入赤谷，過烏孫，涉康居界至闐池西。」其途徑與引據唐書地理志之賈耽四達記及引據通典石國條之杜環經行記所載者相同，此說在日本發表者，已有白鳥教授之精密考說，無另說明之必要。但在此不得不費一言者，卽此北道，雖由温宿(Aksu)踰拔達嶺（卽勃達嶺 Bedel pass），經烏孫至康居，然試想陳湯傳之三校，由大宛出都賴水上，則當時自烏孫沿 Naryn 河出大宛，猶有支路。予輩以爲李廣利之北道，卽指此。查當時烏孫與漢善，卽在史記大宛傳，亦言：

初，貳師後行，天子使使告烏孫，大發兵幷力擊宛。烏孫發二千騎往，持兩端不肯前。

就文意觀，固爲漢軍攻大宛於前，命烏孫擊於後，惟烏孫果願與西進之漢軍，幷力擊宛耶？又漢書李廣利傳中，敍錄此役功績之詔書曰：

貳師將軍廣利，征討厥罪，伐勝大宛，賴天之靈，從泝河山，涉流沙，通西海，山雪不積，士大夫徑度。……

文中之西海，想卽陳湯傳之闐池，四達記、經行記等之熱海也。

由是以觀，可知李廣利之本隊，不經郁成，直攻貴山，而申生等之一隊，在未到貴山之前，已與郁成交戰矣。苟如白鳥教授所言，視爲兩軍俱經郁成時，則與史記文面似不甚緊合。

又教授考定郁成爲 Osh，謂爲聲音類似者，果如何？按郁成一音，當作 Yuk-chen 或作 Iksai，因此Aksi較Osh爲近，在當時是否有Uzkand與Osk，但就阿剌伯人等之記錄推察之，在此方面最大之城市，當爲Aksikath，郁成想卽指此。當時縱有Osh或Uzkand之城市，然乏抵抗漢軍之能力，故視作給食而去爲妥。至如前所述，與郁成在東一語相抵觸，惟視之在貴山（卽Kāsān）之東南，似無不適。

予輩所以疑漢代之Uzkand與Osh是否果如隋唐以後之重要者，因信在今之Gultcha (Gulča) 地方，確有休循國耳。三宅米吉博士曾論之，而白鳥教授駁之曰：「考察休循國爲Gulča之理由，第一休循與Gulča之聲音類似，第二此國適當由Irkestam經Terek山頂而至Osh之大道，故假定此說。然位於Gulča溪流上游之山地，形勢上不僅應屬大宛國之領土，卽視之爲一國，而此國之西，卽大宛，如漢書所記，不應謂爲大月氏也。職是之故，予輩不能贊同此說。」但以上所論，似覺無理。據漢書捐毒國條載：「西上蔥嶺，則休循也。」又同條載：「至捐毒衍敦谷二百六十里。」故單由此文論休循，亦應視爲Gulča或Alai高原也。但在休循國條復載：「西北至大宛國九百二十里，西至大月氏千六百一十里。」白鳥教授以此文爲休循非Gulča證據之一，然予輩反以之爲贊成 Gulča 說理由之一焉。因「西北至大宛國九百二十里」者，所以舉述大宛至貴山城之方位與里數耳，故覺毫無不適。所謂「西至大月氏千六百一十里」者，關於月氏王庭之主張，予輩與從來之學者不同（以後另述）惟信大月氏在當時以 Khuttal 地方爲王庭，其境域延及今之 Alai 高原沿邊也。若以西爲西南，則亦無甚不適矣。是以漢書中特示此國與大宛及大月氏之方位里數者，因其境界相接，且兩國均與之相通也。若是則 Gulča 說，無缺點矣。博士復謂形勢上應屬大宛國之領土者，蓋視大宛領域全爲後世之 Ferghâna 所致，而以貴山（卽 Kâsân）爲當時大宛之都城，但以衰弱之大宛，其勢力當不及「位於溪谷上游之山地」也。故視此兩國之境界爲 Andijan，（安集延）或至少爲 Osh 時，則大宛都貴山（Kâsân）於北，而以郁成（卽 Aksikath）在其東也。況休循二字，復可視爲 Gulča 之音譯焉。實則唐代 Osh 等之爲重要城市者，此國都城已由貴山 Kâsân 移往南方之 Aksikath 矣。再考定此國爲「戶三百五十八，口千三十，勝兵四百八十八」之小國，卽在此當記憶者，不過山間一村落耳。此小國與捐毒等，俱傳於史籍中者，完全以其地處當時之孔道，此固毋待多言者也。要之，其國雖小，然在今之

Gulča 中，當時苟有休循一國名，則或無 Osh 等，至少，不若隋、唐以後之重要，當非牽強之根據歟！

又在此應附帶一言者，予輩前在慧超往五天竺國傳箋釋中，視唐書之渴塞為 Kâsân，視西鞬為 Aksikath(卽 Aksikand)然由聲音上論，渴塞 Kat-sai，近於 Aksi，而西鞬近於 Uzkand，故在此更正之。因中國人常於音譯之際，略去其居首之母音，是以 Aksi 為渴塞 Kasi 而 Uzkand 成西鞬 Zkand 矣。證之唐書譯 Iskashim 為塞迦審，卽可了解。在玆雖未遑申述，但就此方式推察，當頗與實際相符也。又予輩對於同書以呼悶為 Khujandah，此以悶字有心音，或係某字之誤，未免疏忽。試就當時之狀態觀，此地應不在西方，最近白鳥教授視之為 Kuba 之音譯，而以 Kuba 原為 Kubawi 者，當無誤也。

白鳥教授視貳師城之貳師二字為 Nisa 之音譯。其言曰：「貳字除 ni 音之外，雖尚有 dji, êrh 之二音，但此皆後世之轉音，而非元音也。若就中國語之類族而研究之，如西藏語之 nyi, Gurung 語之 ni. Lepcha 語之 nyet, 不丹語之 nyi, 緬甸語之 nhit 等，卽知貳字元音為 ni 矣。」予輩對此問題，雖無容嘴之權利，然此非元音問題，乃漢代之問題也。教授若不能提出此字在漢時爲 Ni 音之證據，則予雖不得不認此字之而至切音，爲起於漢代焉。固不待論，此字與而、爾、耳、兒等字音俱由 dji (t) 或 ngi (t) 變化而爲 erh 者也。按此爲金元人等之影響，唐宋人較能保存漢代之字音也。然則由唐音卽能推想漢音矣。況 nyi, nyet, nyi, 有由 djit 變化而來之形迹，或 nhit 有由 ngit 遞變之形迹耶。要之，予雖以爲貳音，縱在漢代，亦爲 djit 或 jit 之音也。因此，貳師二字，殆卽 Gidghil 之音譯。據阿剌伯人所傳，在 Kâsân 北方，有 Gidghil 之地名。又在 Sayhûn 支流處，亦有 Nahr Gidyhil 一名，殆如斯特倫格(Le Strange)氏之想像，卽今之 Naryn 河歟。(The Lands of the eastern Caliphate, p. 476) 此河蓋與杜環經行記之質河，西域記之葉河，唐書怖捍傳之葉葉河，爲同名之異譯。其中唐書怖捍傳，若係根據西域記者，則今西域記之葉河，可見猶脫落一葉字也。在此河上流 Kâsân 之北，苟有 Gidghil 一地，則葉葉貳師，當指此地。更據阿剌伯人所傳，區別 Kâsân 地方與 Gidghil 地方，指後者之首城曰 Ardalan-kat, 此固小城，且爲 Ferghâna 都城移於 Aksikath 以後之言，其與漢代形勢，當有若干相異也。

夫 Kâsân 附近之 Gidghil 地名，認爲貳師之原文時，則不妨以貳師城爲 Kâsân 也。是以在前揭史記中敍申生等到郁成曰：「王申生去大軍二百里，偵而輕之。」可知郁成與宛城（卽貳師城）之距離約爲二百里矣。（在漢書李廣利傳以偵而輕之爲負而輕之。按負若爲恃義，則以漢書爲正。蓋史記以負譌作偵，而妄人加以人傍耳。）視郁成爲 Aksikath，視貳師城爲 Kâsân，就其距離言亦甚相當。由是而觀，「漢之壯士車令等嘗宛王歸國途次，郁成城主遮而殺之，李廣利（第一次征行時）到達大宛，首先攻落郁成城，然後圍困宛城。又王申生等較本軍後至大宛時，首先卽向郁成城強索糧食。凡此皆應了解者也。」

如白鳥教授視貳師爲 Nisa，認郁成爲 osh 者，其間約隔二百里，且 osh 爲入大宛之東方門戶，此說雖與史記所傳頗相吻合，然難免有字音之穿鑿，且不見李廣利之後行（卽第二次征行）其本軍有通過郁成之形迹；不僅此也，卽在 Nisa 地方亦無貴山一名之都城也。但漢書以彼爲大宛之都城名，而李廣利傳、大宛傳似亦不出史記所載之外，故以宛城、貳師城視作貴山城者，實屬至當。此二點，想爲教授考定上之大缺點。教授雖復言漢兵破壞宛城（卽貳師城）之外部，致不適於防禦外敵，故遷至據有衝要天險之貴山城者。然此遷都之事實，遍查史記、漢書，未見記錄。是以此說不過爲教授之一片想像耳。至若予輩所考定者，當無如是想像之必要。不過如宛貴人所言，謂郁成在東，而予輩已於上述之矣，以 Kâsân 爲中心，當在其東南或南方也。

按漢書西域傳所記漢代之南北道，乃屬通路，武帝之際似頗用之爲由烏孫經大宛而通西方之途徑也。卽就大月氏之西遷言，自敦煌、祁連間之故地，既遷至烏孫處，遂逐去烏孫，而曰「乃遠去，過大宛，西擊大夏而臣之。」又張騫之西使也，既爲匈奴捕獲，曰：「西走數十日至大宛。」按此或許係由西域傳所謂之北道，或許係由烏孫而出大宛者。又陳湯傳之北道，乃由溫宿至 Talas，而南道三校則不得不視爲自大宛至其地矣。白鳥教授想像此三校之路徑曰：「自 Andijan 近旁，進軍向西北，越 Chatkal-Urtak tau，出 Talas 河上游，在此與北道之兵相會合，以迫郅支城。」就今實際通路之形勢觀，由溫宿越拔達嶺之孔道，是沿熱海北岸西行，出 Aulièata, Chimkent, Tashkent（卽漢之康居）。隋唐時，據經行記、四達記所載，大體爲當時之孔道，固無疑義，惟此爲郅支單于討滅後之事，其前當以自烏孫出大宛爲常也。夫由烏孫出大宛之路徑，雖屬不少，惟越拔達嶺而出 Kala 河（北有 Dshauku pass, Dshauku 者，音似赤谷）至今之 Narynsk，由此沿

Naryn 河西行，越 Ferghana Kette，而出 Andijan。Namangan，更北至 Kâsân。若自 Narynsk 北出熱海北之孔道，由 Auliё ata 向南有支路，亦能至 Talas，越 Chatkul tau，並通 Kâsân 也。陳湯傳所載南道之三校，殆卽由此。是以武帝時頗爲利用者，爲烏孫至大宛之道。苟此路爲上述之某道時，則在當時或其後，於交通上與衝要上，俱得認爲 Kâsân 之大宛位置也。若僅就隋唐以後之形勢論斷此城之價值，則殊感不妥。實際在熱海至康居慣用孔道之隋唐時，其大宛（卽怖悍 Ferghana）之都城，當爲西犍（Uzkand）渴塞（Aksikath）而非 Kâsân 也。

予輩如前所述，李廣利本隊，係自烏孫入大宛，至其道路如何，因不若陳湯等攻擊據烏孫西方之敵，故無至 Talas 之必要。大概係越拔達嶺沿 Naryn 河而至 Kâsân 者也。此乃北道，卽王申生等之南道。揆陳湯等攻伐郅支分軍於兩道，大體係襲李廣利攻伐大宛之舊道，惟因其目的不同，故道程亦有若干差異也。

白鳥教授之主張，如前所論，認貳師城爲 Nisa 地方之 Margelan 或與此相同流域之某地點，此 Margelan 在 Ferghâna 地方之重要，由現今俄國設置政廳於此地而知之，惟此說豈不過於大膽耶？今之 Ferghâna 省，在其省域中，殆包括帕米爾（Pamir 卽葱嶺）之全部。因此，Margelan 幾爲該省之中心，故爲此地最重要之城市，惟此不能以未包括帕米爾之古代，推論 Ferghâna。現據十世紀後阿剌伯人所傳此地之記錄，僅知與當時之 Osh, Kuba 等，同爲重要之城市，至其首都，則猶位於更北方之 Aksikath 焉。又依魏略所載，休脩卽休循，與捐毒、楨中、莎車、竭石、渠沙、西夜、依耐、蒲犂、億若等，同屬疏勒（卽 Kashgar）之領地。然則對於休循之予輩所見不誤時，則三國時代之大宛領域，較之十世紀頃，其東南猶短縮也。此種形勢，迄北魏之際，當亦相同，據魏書記載，當時破洛那（Ferghâna）都城，尚在貴山城（Kâsân）也。況休循爲漢代獨立之小國，而 Margelan 至少爲其邊境小城，此種推想，殆屬至當。

要之，縱由形勢上觀，或由史、漢之所傳觀，俱不得以貳師城爲 Margelan 也。且自李廣利攻伐大宛後，謂爲移都於貴山城者，不僅史、漢無明文，卽攻伐後之記載，亦毫無形迹可尋。再在此當附加一言者，爲大宛國產名馬，而烏孫亦多名馬，此因俱放牧於 Naryn 河流域，故大宛之名馬產地，非限於 Nisa 之沃地也。

不幸！予輩關於貳師城與郁成城之考斷，與白鳥教授之持論相異，但教授於其著大宛國考中，以 Ferghâna 地方之明確知識貢獻我學界，予輩感謝之情，當亦不落人後。又不幸！予輩不能贊同桑原教授之貴山城卽 Khujandah 說，而固執 Kâsân 說，惟自該教授之貴山論出，覺此問題，更有研究之必要，其對於白鳥教授及其他舊說，加以若干更改，厥功甚偉。實言之，自白鳥教授之西域史上之新研究出，卽贊成 Kâsân 說，惟對於該教授以城旁之細流爲飲用理由之論據，不感大興味。蓋因予輩主張之基礎，不在此也。卽貴山與 Kâsân 不獨音相類似，且西域記中之「從此（赭時國）東南千餘里至怖捍國。」而依據西域記之唐書上，則作「居西鞬城。」此固唐代之事，魏書謂（破洛那「都貴山城。」距者舌（卽西域記之赭時）千里。此貴山城與漢書之貴山城，因當相同，故 Khujandah 說終難成立。隋書固謂：「西北去石國五百里。」但「西去蘇對沙那國五百里」之鏺汗，卽破洛那，不應「西北去石國五百里」也。從來此書關於西域之記事，類皆杜撰，故無足取。固然，當時亦參考史記、漢書，由大宛至康居爲一千五百十里，石國因爲當時康居之中心，故一千五百十里者，想卽後之約千餘里，於是益覺貴山之非 Khujandah，因與史記、漢書之大宛至大月氏及大夏之距離，頗相抵牾，故不足取。且以當時之西鞬爲 Aksikath 音譯，如前所論，爲 Uzkand 之音譯，在眞珠河（卽 Kara darya）之北，由此至赭時，蓋西域記所謂之千餘里也。

桑原教授執持 Khujandah 說之理由，計有五點。僅據白鳥教授之硏究，此五點決不得謂爲有力之證據。予輩大體上當贊成白鳥教授之主張，惟此俱見於桑原教授之文中，至白鳥教授之所說，因無反覆申述之必要，故不一一說明。揆桑原教授 Khujandah 說之中堅，當爲貴山城側飲用之細流與漢書所載大宛及大月氏、大夏之里數，及由休循往大月氏，謂經大宛之貴山城等理由。關於貴山城側飲用之細流，據白鳥教授謂此不僅限於 Khujandah，如此在 Turkesten 地方之都市，大牢有此地勢，故不得以之爲否認貴山城卽 Kâsân 說之理由也。其在 Kâsân 地方，固有同名之細流，經其門側，會 Jaxartes 於 Aksikath，此情勢已有阿剌伯人傳之矣。又教授謂此水渾濁，不堪飲用，惟所謂渾濁不堪飲用者，殆爲日本人之想像，況如後世以井水供飲用者，當亦然也。茲於李廣利圍攻之際，有曰：「聞宛城中新得秦人知穿井」，可謂自此以後，不飲渾濁之流水矣。關於細流一說，詳於白鳥教授之大宛國考中，茲不贅述。

按大月氏、大夏之都城，大夏者固已明白，而大月氏者，由來東西學者，尙無定說。關於此問題，若臚列東西學者所說，則不勝其煩，且非本文之直接目的，故概略之，而擬一吐予輩之見解焉。茲先自史記檢點觀察之，在大宛傳載：

大月氏在大宛西可二三千里，居嬀水北。其南則大夏，西則安息，北則康居，行國也。

又記：

大夏在大宛西南二千餘里嬀水南。……其都曰藍市城。

初視此文，一則在嬀水（Oxus）之北，相距二三千里，一則在嬀水之西南，相距二千餘里。在此，大抵忽視一切里數，獨注意在嬀水之北一點，於是擬定大月氏在 Zarafshan 流域。蓋此爲誤解之本也。但此擬定之不應容認者，不僅忽視其二三千里之里數，且果在 Zarafshan 河之流域時，則究在河北耶？抑河南耶？若此 Zarafshan 河非可忽視之細流，則在其流域上所示國都之位置，更無遠處 oxus 南方或北方之必要矣。現於隋唐諸書，謂據此流域之諸國，有在那密水南或那密水北者。白鳥教授（其他學者亦然）雖執大月氏一時曾居 Zarafshan 河流域之說，然該教授於西域史上之新研究中，對於康居小王之擬定，亦遷於此流域。尤可注意者，當大月氏之西遷，意即自烏孫經大宛而根據嬀水之北者，但無通過康居之形迹。此點，似亦應注意者也。或有以之爲康居未蔓延於 Zarafshan 流域之證據，然在彼張騫西使時，謂由大宛至康居「康居傳致大月氏」者。若康居未蔓延於 Zarafshan 流域，則如何能傳致在鐵門以南臣服大夏之大月氏也。或謂大月氏既居 Zarafshan 流域，迨至張騫西使，復移於嬀水之南歟? 然此不過一推想之言也。由烏孫之地移而過大宛，史記、漢書俱乏明文。或又謂其遷移，在史記以後迄漢書時代之間，然漢書亦載大月氏「都嬀水北」焉。是以予輩如是推想。蓋大月氏由烏孫經大宛，因其西 Zarafshan 流域爲康居所居，故由大宛踰葱嶺(Pamir)而遷於 Oxus 上游流域 Wakhsh-ab 與 Panj 之間，以此爲根據，遂使當時富而弱之大夏服屬之。故史記僅載「乃遠去，過宛，西擊大夏而臣之」，實則未經康居，徑定居於大宛之西南，迄後侵入印度，未曾動也。是以所謂嬀水北大月氏之王庭，當在 Oxus 本流 Panj（噴赤）河與其大支流 Wakhsh-ab 相會處之 Khuttal 地方也。Oxus 河復於會流附近，與南來 Khuttal-ab(即 Kunduz)河水相會。在此河之北岸，至今猶有所謂 Kunduz

之城市焉。此城名雖不見於阿剌伯人之記錄中，惟在唐代，似確有此城。如新唐書地理志載：「月支都督府，以吐火羅葉護阿緩城置。」舊唐書則曰：「月氏都督府於吐火羅國所治遏換城置，以其王葉護之。」而在岑氏校勘記中曰：「月氏都督所治遏換城，寰宇記遏作撥，以其王葉護之。寰宇記護下有領字，阿緩作阿換，又作撥換。」寰宇記以遏作撥，則如何？惟阿緩、阿換、遏換在波斯語中爲城砦之義 huhandiz 字之音譯，斯特倫格氏視 Kunduz 爲此語之轉訛，在此附近有十世紀時阿剌伯人所傳之大城 Warwâliz 焉。(The Lands of the Eastern Caliphate, p. 428) 且該氏於地圖中以 Warwâliz 置於 Kunduz 河之南，惟此應置於北。西域記之活國，可視爲 Kuhandiz 之省稱，亦可視爲 Warwâliz 之 war 譯音也。是以唐時置月支都督府於此者，亦應注意。固然當時此種建置之命名，類皆杜撰，惟此地環近爲突厥之中心，續高僧傳玄奘傳曰：「縛喝(Balkh) 近葉護南牙。」Edrisi 謂 Balkh 爲突厥人之都城，突厥人當時根據 Kunduz 以支配 Balkh 地方，其形勢恰如漢代大月氏臣大夏，是以月支都督府之命名，亦不得堅決否認之也。況 Kunduz 河爲 Oxus 之支流，惟 Kunduz 河，因又稱 Khuttlal-ab, 故在此 Oxus 之兩岸，似乎有時均謂 Khuttal 也。予輩固不以監氏擬 Kunduz，唯應注意者，後世之此種形勢，卽在古代亦略同耳。夫月氏之根據地若爲嬀水北岸之 Khuttal，卽西域記之珂咄羅，唐書之骨咄時，則史記之：「大月氏在大宛西可二三千里，居嬀水北。」與「大夏在大宛西南二千餘里嬀水南。」得適宜解釋之矣。是以基於張騫報告之史記，載大夏較大月氏爲近者，實由康居過鐵門經大夏地方而向東北大月氏之王庭耳。又張騫歸路之取南道者，固爲避免北道匈奴之勢力，惟大月氏當時占領葱嶺，通過東方羌中，亦爲其採南道原因之一也。

然則漢書如何？史記因直採張騫等之傳言，故少謬誤，至漢書所載，雖已整理，卻有誤處焉。此書在西域傳中首先舉述通西域之南北道，已如前記。北道所通者，爲大宛、康居、奄蔡，皆爲 Zarafshan 及藥殺水(Jaxartes) 流域之國家。南道所通者爲大月氏、安息，而不得不視之爲 Oxus 流域及其西與南之地也。是以在大月氏國條中所載，與史記相同，曰：「都嬀水北爲王庭。」此爲大月氏係據 Oxus 流域之國家，而非據 Zarafshan 流域之又一證據。漢書復記至此國之里數與方位，曰：

去長安萬一千六百里。……東至都護治所四千七百四十里，西至安息四十九日行，南接罽賓。

在此應注意者，漢書西域傳，明載通此國理依南道。然則所謂「去長安萬一千六百里，東至都護治所四千七百四十里」者，無疑係依南道而計算。又此書舉述至大宛國之距離及方位曰：

去長安萬二千五百五十里。……東至都護治所四千三十一里，北至康居卑闐城千五百一十里，西南至大月氏六百九十里。北與康居，南與大月氏接。

可知大宛爲通於北道之國家。然則其至長安及至都護治所之里數，乃依北道之里數也。固然，並非由大宛不至大月氏，惟計算里數，在當時或因基於步行，故不決定南北道之某一道，則無法計算。此書，在其西域傳之劈頭，卽舉南北道所通之國家，視各依其道而計算里數爲當。然則漢書所舉里數，雖較爲正確，但均依北道或南道之國與國之距離，固能推知其各至長安或都護治所之差，然不能探知依南道之國與依北道之國之距離各至長安或都護治所之差也。此點，從來學者，均未加注意，甚覺奇妙。卽如桑原教授㊀以依南道之大月氏與依北道之大宛之距離，知其各至都護治所之差，而計出爲七百九里之數。惟其不合理，在至都護治所（卽烏壘，）大月氏（四千七百四十里）雖較大宛（四千三十一里）爲遠，卻知見近於長安。（卽大宛爲萬二千五百五十里，大月氏爲萬一千六百里。）此固當然，若由南道，因必須北行至烏壘也。又據桑原教授謂：「依照漢書西域傳，由休循國迄大宛國之距離爲九百二十里；由大宛國迄大月氏國之距離爲六百九十里。休循國與大月氏國之距離，正合此兩方之數，計一千六百十里。……一切國與國之距離，因係由一國都至他國都之里數，故根據漢書所記里數推測時，則自休循國至大月氏國，似必經大宛國之貴山城也。」此說果如何？雖以距離表示國都至國都之里數，然由休循至大月氏未必能得經由大宛國貴山城之結論。此點，後再詳述，茲先舉漢書休循國條載之文：

休循國王治鳥飛谷，在葱嶺西。……至捐毒衍敦谷二百六十里，西北至大宛國九百二十里，西至大月氏千六百一十里。

如上所述，此國爲 Gulča（Alai 高原）果如教授所言，由此國經大宛（卽 Ferghâna）出 Samarkand 邊僅千六百一十里左右耶？予輩以爲此里數，大概係指沿 Wakhsh-ab 而至 Khuttal-地方者。固不待言此國爲戶三百五十八口千三十之小國，北連大宛，西（南）接大月氏，在此可知大月氏之領域，迄及 Wakhsh ab 之上游，因此，大宛得南與大月氏相接。又因 Khuttal 地方，有大月氏之王庭，故得南接罽賓（即迦畢試即 Kapis，在 Kapis 河流域）且大宛國條謂：「南與大月氏接」而不曰在西者，實堪注意。由是推斷，該條所載：「西南至大月氏六百九十里」雖非如白鳥教授所言，爲機上之推算，但不外爲何者之誤也。（其誤，即可明瞭。漢書不載大宛與大月氏均在西方，一在西北，一在正西。然則相殺其里數，恰爲六百九十里者，已不合理。）

更堪注意者，爲漢書大月氏國條舉五翖侯一事，關於五翖侯，在日本發表者，有白鳥教授精詳之考說，但其結論，謂此五翖侯皆國於葱嶺中之 Oxus 上流域。此非大月氏據葱嶺而臣大夏之明證耶？要之，Zarafshan 流域，初爲康居領域，以隋、唐諸書所傳爲正確，謂爲一時爲大月氏所據者，實誤。蓋大月氏由大宛直入葱嶺，根據 Khuttal 地方而征服大夏者也。

要約以上關於大月氏之敍說：(一)大月氏自西移後，爲王庭於媯水之北，據史記載，至大宛之距離，約二三千里。(二)史、漢俱特以媯水爲此國王庭之所在。(三)大月氏西移後，過大宛而臣大夏，不見有經康居之形迹。(四)康居五小王之居城，除 Jaxartes 流域以外，當於 Zarafshan 流域求之。張騫之使於大月氏，若係由大宛經康居，則在此以前，不得不認 Zarafshan 流域為康居之領域。(五)雖然若此，但據漢書明記大宛南接罽賓。(六)漢書中，明記大月氏南接罽賓。(七)漢書謂大月氏通於南道之國家。根據上列各理由，予雖深信大月氏之本據，在葱嶺中，尤其在 Wakhsh-ab, Panj 河之間 Khuttal 地方，至其王庭，應於今之 Hulbuk 附近或其南方求之。

若右說不誤，則漢書「大宛西南至大月氏六百九十里」奇怪之記事，不足憑信，而本此記事之桑原教授，以大月氏之都城為在 Samarkand，大宛之貴山城為 Khujandah 者，此說無所根據矣。教授復置重於史記之記事，謂大宛、大夏之距離計二千餘里，然該書復載：「烏孫在大宛東北可二千里。」若大宛、大夏之距離為二千餘里，自當在二千里以上，推所謂可二千里者，亦許即在二千里以下。以大宛之貴山城為 Khujandah，由此至近於熱海之烏孫赤谷城，僅達二千里耶？此若一目瞭然，則無須計算里數之必要矣。是以大宛、大夏相距二千餘里，亦得謂為二千四五百里。現對於史記，據予鄙見，去 Balkh 北不遠之大月氏王庭 Khuttal 與大宛之距離，豈非一三千里耶？然則如教授之計算，貴山城非 Khujandah，當更在其東方也。

關於里數之計算前雖言之，但據漢書，自休循至大宛之方向距離，爲西北九百二十里，至大宛爲西千六百一十里。桑原教授對此雖謂：「爲一切國與國之距離，因係由一國之都至他國之都之里數，故據漢書里數推測，自休循國至大月氏國，似必須經過大宛國之貴山城也。」此論前半正確，但後半甚難言其無誤也。按漢書休循國條，僅載以休循爲起點，西北至大宛，西至大月氏。然則由大月氏或大宛經休循而去大宛或大月氏，明甚，惟由休循往大月氏，未必卽須經過大宛也。茲以名古屋一地嘗說之，因係西至西京，東至東京，由名古屋去東京或西京，未必經由西京或東京，其例相同。是以根據予輩研究之結果，因大月氏之王庭，應在 Khuttal 地方，故知漢書之西，確爲西南也。而漢書大宛國條中，正以大月氏爲西南。然則由大宛至大月氏之距離，經由休循時，（實際似如此）應當九百二十里與一千六百一十里相加，而不應相減也。換言之，卽其距離爲二千五百三十里，略與實際相當。白鳥教授以爲漢書大宛國條載西南至大月氏六百九十里一語，脫落一千二字，然予輩則謂之脫去二千二字焉。要之，漢書休循國之記事，如桑原教授之言，由休循至大月氏，未必與以必經大宛之證據。因此，教授之 Khujandah 說，不見有何等價值也。

依照予輩見解，大月氏之王庭在 Khuttal，則除去漢書所載怪異之里數六百九十里外，其與史記、漢書關於大月氏之一切記載，俱得妥當解釋之。蓋從來學者誤解此明白之事實者，因以今之交通孔道，置於腦中，而忽視漢書通大月氏依南道之明文，於是過重該書大月氏在大宛西南六百九十里之錯誤里數，抑且忘卻大月氏為逐水草之行國矣。夫依據史、漢之不可變動，而關於此國所在之予輩見解，前已詳言之矣，以下聊就 Khuttal 名稱之由來，及藍市、監氏、盧監氏一示予輩之臆說。

予輩至今猶信漢史之嚈噠、囐噠、挹怛、嚈噠等為月氏二字之轉訛。蓋氏字明為抵、底、低等，合有 ti, tai 之音。月者，今固為 Yuet 音，然由日本音等觀之，其原音當為 guet，予輩以為月氏之正書是月氏，當係 Ghuttal 或其相似者之對音。於是一轉而為 Yuttal, Yettal, Haythal, Ephthal, Khuttal, Khottal, Khottalan，蓋嚈噠、囐噠等係對 Ghuttal (Khuttal)，嚈噠、挹怛等係對 Yuttal (Yettal)，是以薩山王朝之敵，顯現為 Haythal，在東羅馬(Byzantium)之史家，知為 Ephtha (Ephthal)。乃其本據 Wakhsh-ab 與 Panj 間之地名 Khottal, Khottalan 也。現今斯特倫格氏等亦謂 Khuttal 與 Haytal, Ephthal 爲同語。（The Land of the Eastern Caliphate, P. 438 n.）由此而觀，珂咄羅、骨咄 Khottal, Khottalan 等，原係月氏之轉訛，此足間接證明月氏在昔盤據此地者也。

史記稱大夏之都城曰藍市，漢書謂大月氏之都城曰監氏，後漢書則作藍氏，而魏書更稱盧監氏焉。豈後漢書別有所據而改作藍氏耶？抑爲監氏之譌耶？無從明瞭。後世學者，率以 Balkh 爲 Khurasan 之首都，因大月氏曾臣服大夏，且後漢書改監氏作藍氏，故直認藍市與監氏爲同一名稱。此亦因未精讀史記、漢書，或加忽視之過。史記現以藍市爲大夏之都城，而想定大夏之都之 Balkh，豈非處 Oxus 之南耶？是以謂大月氏之王庭，與史、漢所載者，同在嬀水之北，且據漢書，其都稱監氏焉。若尊重史記之文，此兩城原應加以區別，非一城之理由也。況魏書載：

大月氏國都盧監氏城，在弗敵沙西，去代一萬四千五百里，北與蠕蠕接，數爲所侵，遂西徙都薄羅城，去弗敵沙二千一百里。其王寄多羅勇武，遂興師越大山，南侵北天竺，自乾陁羅以北五國盡役屬之。

固不待論,「其王云云」以上之文,爲敍述此國王未侵北天竺之前事。是以應認漢書之監氏,與盧監氏城同爲史記之藍市,卽應認今之 Balkh 爲薄羅城也。今日何故稱 Balkh 爲藍市,固不明瞭,但予輩據此文,更足證明月氏之本證爲 Khuttal,同時,監氏(卽盧監氏)之位置,想略見合也。按弗敵沙一名,據白鳥教授,指爲 Badakhshan. 此說殆無疑義之餘地。是以魏書復謂弗敵沙「去代一萬三千六百六十里」也。然則弗敵沙與盧監氏之距離爲八百四十里,且盧監氏距薄羅(卽 Balkh)東千二百六十里。此里數,因地方之狀況,頗有折扣之必要。夫以弗敵沙之都城爲今之 Faizabad,由此約八百四十里,自 Balkh 東約當千二百六十里,於是應於嬀水北求盧監氏城時,則自爲 Khuttal 地方之 Khulâb. 或在 Kurgân Tappah 邊。據十世紀頃阿剌伯人所傳,謂 Khuttal 之首城爲 Hulbuk. 卽在今之 Khulâb, 附近云。(Le Strange, Eastern Caliphate p. 438) 元來 Khuttal (Khuttalân) 爲呼地方之名稱,惟再據 Ḳazvînî 謂係在山間谿谷突厥人之城市名。(ii, p. 352. 予輩未見原書,玆借用斯特倫格氏所引據者,前揭書 p. 438, n. 1) 今之 Khulâb, 固視爲 Khuttal-ab 之略稱,故 Khuttalân 亦許卽 Hulbuk 也。十世紀頃,謂 Sultan 居此,其情辭似漢書之監氏、魏書之盧監氏，然此爲唐代以後之事，其與古代形勢，自有不同，故未必可以此言律古也。且其名稱，毫不類似。當時在此，應更有 Lâwakand 之城市。Lbn Haukal 以之綴成 Lawkend.(Barbier de Meynard, Dictionnaire Géographique, Historique et Littéraire de La Perse, p. 585)此與呼 Kuwakand 爲 Kwakand 者相同。按此城市，臨 Wakhshab 河沿岸，在有名石橋（Ḳanṭarah-al-Ḥijârah, Pûl-i-Sangîn, Tâsh Kûpruk）下，今 Kurgân Tappah 之附近（Le Strange, p. 438）。然則其當東西交通之孔道，自爲要害之地也。此即漢書之監氏、魏書之盧監氏歟？蓋盧監氏爲 Lâwkand 之完整音譯，而漢書之監氏，乃其省稱耳。

對於藍市，向之正解，烈維氏以 Kusumavati (即 Pâtaliputra)爲與中國舊譯之華氏城相同，而以藍氏城爲 Puskaravâti(即〔la ville〕au lotus bleu)之意譯，(Journal Asiatique, Janvier-Février, 1897)惟此說若成立，則毋寧在Balkh有小王舍城之名，故得以藍市視爲 Rajagriha 之 Raja 之音譯。◎又斯匹許特(Specht)氏以藍市、監氏、藍氏、盧監氏解作 Balkh 古名所傳之

Alexandria (Journal Asiatique, Juillet-Août 1897)但謂監氏、盧監氏非 Balkh，應如何。從來學者，雖皆以藍市、監氏、盧監氏視作同一解釋，然予輩謭陋，猶信監氏、盧監氏與藍市得各別解釋之，是以希望精通伊蘭語兼明此方歷史之學者，分開藍市解釋之焉。

〔註〕㊀桑原教授於其近著張騫西征考一二二頁中曰：「西漢時代西域都護府所在地之烏壘城，當在今新疆省策特爾 Tschadir 軍臺之附近，屬北道。故由都護府至休循、大宛、大月氏之途徑，俱應由當時之所謂北道。漢書西域傳雖舉述出三國至長安之里數，然自長安之途徑，大月氏、大夏方面者，屬南道，大宛、康居方面者，由北道，途徑既不同，則其里數，難以適用於本問題。」其在漢書西域傳幷舉由大宛、大月氏等各至長安之里數，與至都護府之里數，然由南道之國與由北道之國，應區別之。以依南道之大月氏、大夏等，至長安之里數與依南道至都護府之里數，而依北道者，實妙。若無特別之證據，固難信也。

㊁據法譯 Géographie d' Aboulféda (Tr. Par Reinaud et Guyard) p. 207 所載 Tokhâristân 之一切城市，皆在平原，但謂 Sikandah 及 Holbok 卻在山上。Sikadah 者，在 Ibn Haukal 書中作 Sikandarah，其俱爲 Alexandria 之訛，明甚。然則在 Balkh 之外，特出名之城市爲 Tokhâristân，無可疑也。其所在雖不明，但由 Walawaliz〔Walwâlidj〕一條中所載者推察之，爲 Khuttal 地方，略如想像。由是而觀，藍市與監氏、盧監氏，其實原不同，惟其名亦許即 Alexandria 之音譯也。

十一　論「釋迦」「塞」「赭羯」「糺軍」之種族

謂漢書之塞種，卽希羅多德（Herodotus），斯特拉朋（Strabo），太史阿斯（Ctesias）等之Sacae者，學者間大體已趨一致殆成定論矣。然塞之爲 Sacae，是否與釋迦Sakya 相同則異論頗多。從來其主張同一之學者，論據亦未見充實。顏師古於漢書之塞種下註曰：「卽所謂釋種者也，亦語有輕重耳。」（西域傳）至所謂「西域國名卽佛經所謂釋種者，塞釋聲相近，本一姓耳」（張騫傳）者，未示何種根據，猶待證明焉；昔於明治廿八年井上博士與故那珂博士爭論釋迦種南下說之際，那珂博士曰：「漢書之顏註，雖與左傳杜註相媲美，惟惜西域之註，不若其他記載之精確。蓋因初唐人士，對於西域之地理猶未明瞭，故疏漏杜撰之說頗多。然則此塞釋同種之註，亦別無根據，僅依字音相似而想像之者，固難言其非也。然塞種之位置動作，曾明記於漢書之本文中，若與斯特拉朋所言Sacae種之情形吻合，則塞種之爲 Sacae 種，幾無可疑。故在釋迦種與Sacae種謂爲同一之確據上，由其他方位舉述時，則此顏註之文，一方應有參考之價值。然在未舉其他確證時，想無孤立保持其說之力也。」（質井上文學博士之釋迦種說史學雜誌第六編第十一號）此固爲對於釋迦種南下說疑問三條之一，惟實際顏師古之塞釋同種註如博士所言，想像不過爲字音之相似，元和姓纂記：「塞姓天竺胡人之釋後，」然可解作係本於師古之註者。但予輩既不能謂塞爲 Sacae 之確據，惟當謂其基於較足憑信之傳說，而得證明與釋迦相同也。

夫釋迦種族之分散事實，曾見於種種之佛典，詳細研究之，固多差異之處，然其事之起，在釋迦佛末年，想難否認。首據玄奘所傳者如次：

誅釋西南有四小窣堵波，四釋種拒軍處。初，勝軍王嗣位也，求婚釋種，釋種鄙其非類，謬以家人之女，重禮娉焉。勝軍王立爲正后。其產子男，是爲毗盧釋迦王。毗盧釋迦欲就舅氏請益受業，至此城南，見新講堂，即中憩駕。諸釋聞之，逐而詈曰：卑賤婢子，敢居此室！此室諸釋建也，擬佛居焉。毗盧釋迦嗣位之後，追復先辱，便興甲兵，至此屯兵。釋種四人，躬耕畎畝，便即抗拒，兵寇退散，已而入城。族人以爲承輪王之祚胤，爲法王之宗子，敢行凶暴！安忍殺害！汙辱宗門，絕親遠放，四人被逐，北越雪山。一爲烏仗那國王，一爲梵衍那國王，一爲呬摩呾羅國王，一爲商彌國王。奕世傳業，苗裔不絕。（大唐西域記卷六劫比羅伐窣堵國條）

按勝軍王爲 Prasênajit, 毗盧釋迦爲 Virûdhaka, 後者又名 Virudabha 或 Vaidûrya, 此與同傳此事件之琉璃王經之（鞞）琉璃同爲 Vaiḍûrya 之音譯也。至於烏仗那則爲 Udyâna, 梵衍那爲 Bamian, 俱爲雪山麓之國家。玄奘於大唐西域記此二國之下，雖未明記其王屬釋種，然在同書卷十二呬摩呾羅國條下，則記：

其先強國王釋種也。葱嶺之西多見臣伏。境鄰突厥，遂染其俗。又爲侵掠，自守其境。故此國人，流離異域數十堅城，各別立主。穹廬毳帳，遷徙往來。

又於同書商彌國條下載：

其王釋種也，崇重佛法，國人從化，莫不淳信。

關於呬摩呾羅，在西域記卷三迦濕彌羅國條下，記載其王殺迦濕彌羅王，而平其國。若如其註「唐言雪山下」，則通常還原之爲 atala, 當無異論也。況阿耳保路尼（Alberuni）在舉述印度東北方諸國中復見 Hematâla 之國名焉。（沙喬 Sachau 氏英譯 India 第一卷三〇三頁）西域記謂此國之所在，在訖栗瑟摩 Krishm, Rashm 東三百餘里鉢鐸創那 Badakshân 西二百餘里。不過予輩關於此國爲塞釋同族，並未獲得何等頭緒。予輩所目指者，實在商彌國。

按商彌國之所在，大體可視在 Kunar 河之流域。其都城爲今之Mastuj耶？抑爲今之 Chitral 耶？或另爲其他在茲擬欲保留唐書所傳阿賒颶師多（Asvajit?）之解釋焉。況此國如白鳥博士之主張，是否漢代之雙靡，魏代之折薛莫孫，予輩頗迷於贊否。（西域史上之新研究東洋學報第二卷第一號）惟此商彌爲宋雲行記及魏書（正確言之，則爲北史）之賒彌，略無疑義之餘地，當如斯坦因氏所言，實無擬之爲別地之理由也。然關於此國，其見於慧超傳者：

又從烏長國，東北入山十五日程，至拘衛國，彼自呼云奢摩褐羅闍國。「此王亦敬信三寶，有寺有僧，衣著言音，與烏長國相似。」

按烏長爲西域記之烏仗那，固不待言，而東北必爲西北之誤，如予輩前於此傳之箋釋中所辨明者。拘衛爲悟空之拘緯，唐書之俱位，卽後者所謂：「俱位或曰商彌」是也。據慧超傳：拘衛卽拘緯，俱位乃外國人稱此國之名，自稱則曰：奢摩羯羅闍。羯羅闍者，如此傳箋釋所言，復作曷羅闍，爲 Radja 之對音。因此，奢摩羯羅闍者爲奢摩王之義，予輩深信睒彌或商彌之與奢摩，不過同音之異譯耳。固不待言，睒爲式車詩車詩遮切，其在唐韻、集韻、正韻俱音奢 Śa，彌則音 mi，但將 i 韻爲 a 韻，幾成一般通例。是以予輩謂睒彌，商彌，奢摩，應還原爲 Śama 或 Śam，不信如從來印度學者之謂 Sambi 等也。

且予輩此說，猶不僅由音韻上而言也。更有其他確實之左證焉。西域記稱此國王爲釋種。又在釋種分散時，因擊退毗盧釋迦王之兵，被己族所放流之勇者，計有四人，但據增一阿含經（卷第二六）有奢摩（或作舍摩）之一人，至於以洛克喜爾氏西藏所傳爲基礎之釋迦傳（一一七頁）則作 Samaka。睒彌，商彌之王家在釋種分散時之釋種內，引領其血統，自稱奢摩王；若分散時之釋種或其中一人，呼作 Śama 及 Samaka 時，則予輩以睒彌商彌還原爲 Śama，卽 Śam 者，誰亦當無異論也。是以在沙喬氏英譯阿耳保路尼之 India 第一册三〇三頁中，舉述印度北方國名有 Syamaka 者，蓋卽指此。

此國名稱，見於中國之史籍者，自北魏始。（雙靡爲疑問）如前所言，宋雲行記中記之睒彌，固係依據魏書（正確言之，則爲北史）西域傳，惟魏書卷九帝紀，肅宗紀，明載爲舍摩。例如神龜元年夏四月：「舍摩國遣使朝獻，」卽是也。又在此以前，如世宗正始四年夏六月，遣使朝獻之社蘭達那羅，舍彌，比羅直諸國之舍彌(同上卷八)或永平四年秋八月，遣使朝獻之嚈噠、朱居槃、波羅、莫伽陁、移婆僕羅，俱薩羅，舍彌，羅樂陁等諸國之舍彌，(同上)殆與舍摩同爲賒彌也。就中社蘭達那羅之那爲衍字，似卽 Jâlandhara，而比羅直殆爲西域記之弗栗恃國也。此等印度北方諸國共同遣使時，當可想像舍彌之爲賒彌矣。又嚈噠爲 Yetha, Ephthal，朱居槃爲 Kargalik，波羅則不明，莫伽陁爲 Magadha，移婆僕羅則不明，俱薩羅爲 Kosala，羅樂陁爲 Laṭa(Lalades)，由是而論，則視舍彌爲賒彌，初無不適也。又唐書西域傳以舍摩國記入不明之中，蓋因此名不知爲賒彌商彌之異譯故耳。

根據以上之略說，可知在今 Kunar 河流域地方，有釋種王國，其王稱 Śama 或 Śam，自魏迄唐，呼作舍彌，賒彌，商彌，奢摩等者也。並由此可知 Śama 或 Śam，係釋種分散時勇者（或爲四勇者中之一人）之名，以之爲此地釋種王家之名，遂成國名矣。尤其在予輩所舉之慧超傳載「彼自呼云奢摩褐羅闍國，」實感有多大之興味也。然則奢摩褐羅闍即 Śama（Sama）或 Śam (Sam)王家者何也？且釋種王家何以如此自稱耶？蓋 Śam(Sam) 爲 Zawulistân 及 Seystân (Sacastân)王家之名，自西元十二世紀中葉迄一二一五年豈非自稱 Ghoûr(Ghouristân) 王家耶，在阿波爾費達（Aboulféda 1273–1331）之地理書中，引用 Moschtarik, 敍述此國之首城 Firouzkouh(Birôuzkoûh)曰：「此爲 Sâm 王朝 Ghoûr 家諸王之居城」是也。(Reinaud, Guyard 兩氏共譯，第二卷二〇二頁）又所謂抄譯 Yakut(1178–1229) 書籍之 Meynard 氏之波斯地理歷史文學字典，在四〇八頁中，敍述 Firouz-kouh 城，謂 Sam 王家由此出。關於此王朝之歷史，戴菲爾麥利（Defrémery）氏法譯麥爾恭德（Mirkhond）之 Ghour 王朝史，曾載於 Journal Asiatique 紙中。不過，予輩在此不問 Ghour 王朝之祖先，是否果出於 Śam (Sam)，祇知彼等自稱 Sam 王家，波斯古史如是，拘衛國奢摩褐羅闍之奢摩亦如是，則已足矣。關於此點，想已略無可疑。何哉？蓋因在此等印度西北地方，別無 Śama(Sam)王朝或類似此名稱之王朝也。且 Śam 與 Sam，字音上雖有若干相異，然在洛克喜爾氏之佛陁傳中，以 Śama 作 Samaka，而戈比奴

(Gobineau) 氏等復以 Sam 寫成 Çam(Çama)，由是以觀，可知其相差甚微也。

夫據波斯古史，Sam 王家起源悠久。後世著作之所說者，姑措之不論，卽在 Zend-Avesta 中，已於此族上冠以 Çama 之名稱，經時稍久，遂爲 Zal 之父，而成路司登(Roustem)祖先特有之名矣。又地域相接之印度人，亦知此一族之 Thrita，關於 Cama Kereçaçpa 卽 Kershasep 卽 Kriçaçva，雖不見於 Védas 中，然在文法家巴尼尼(Panini)及其詩篇內則記之。（戈比奴氏之波斯史第一冊自二八六頁至二八七頁）是以此一族之人，在波斯史上最有名者，當爲路司登。波斯人以此王爲理想的英雄，亦猶印度人之對 Rama，法人之對 Roland，西班牙人之對 Cid，德人之對 Siegfried 也。關於此王之武勳，雖詳記於費多塞(Ferdoussy)之 Shah-Naméh 史詩中，然或難深信；第五世紀之亞美尼亞有史家之莫伊斯(Mois de Khoréne)證據，而與 Tabari, Massoudy 並傳之。（法譯阿巴爾費達地理書賴魯 Reinaud 氏序文）故在路司登之子中，有費拉莫斯(Fer-Amorz Feramor)一名者，相傳有名之居魯士(Cyrus)王攻伐 Zawoul 地方時，此地 Sam 王族，毅然抗之，費拉莫斯被生擒，後遭赦，乃與其父路司登等，共從居魯士經略諸國，建立大功，按此事不僅見於費多塞之 Shah-Naméh，且西元前約四百年頃之希臘史家太史阿斯亦傳之，而將 Fer-Amorz，寫作 Amorges，顯係 Sacae 之王子也。Shah-Naméh 又載某東方民族侵入 Khar 或 Khar-gah，爲驅逐此東方民族依路司登建策，費拉莫斯在此戰爭中，傳有戰績云。按 Khar 爲 Isidore de Charax 之 Gari，是否即後世之 Gaur，猶未明瞭。惟此事太史阿斯亦傳之，此占據 Sacae 上部地方之東方民族，爲 Derbikkes 之事。此次之戰波斯人一旦失利，居魯士被傷，因得 Amorges 所率 Sacae 人之助，再得勢，遂征服之；但居魯士受傷後，於第一戰後第三日即逝世云。（繆納 Müller 氏之太史阿斯自四五頁至四七頁，羅林孫（Rawlinson）氏古代東方五大帝國、第三册、三八七頁）關於居魯士逝世之傳載，與希羅多德及 Shah-Naméh 等，不相符合，固不足信，惟其 Amorges，即 Shah-Naméh 之費拉莫斯以之爲 Sacae 之王子，頗足注意焉。實則此族據波斯所傳，被稱爲 Seystân 即 Sakastâna 之 Çam 族也。更據波斯傳說，居魯士由 Zawul 驅逐塞克提人，Feramorz 之王國因推廣境域，至於印度河之彼岸，且統一之，直至克什米爾（Kashmir）在 Çam 王家之統治下，承認波斯之主權。

試將東西所傳比較對照之，拘衞釋種之王家，自稱 Śama, Sam（Śam），而波斯古代 Seystân（Sacastâna）王家，卽 Sacae 人之王家，亦稱爲 Śama, Sam（Śam）。然則謂釋種爲漢書所謂之塞，卽 Sacae，固無不可也。如希羅多德所言，波斯人呼一切塞克提人爲 Sacae，復如斯特拉朋所言，用 Sacae 爲塞克提之普通名稱，自始而有所謂特種 Sacae 之種族者，多爲學者所承認。是以此 Sacae（Sacan），據希羅多德說，居魯士時，與 Caspi 人共成第十五 Satrapy，（第三卷九三章）薛西斯（Xerxes）之征伐希臘，則與大夏（Bactria）人編入一隊中。惟後者之 Sacae，實有 Amyrgia 人云。（第七卷六四章）在此，關於所謂 Caspi，有種種之說，或謂之 Kasii，或謂之 Caspeiri（Cashimire），迄無定說，然非在裏海（Caspian Sea）之環近，應在印度北邊地方，學者間已略一致矣。羅林孫氏註希羅多德第四冊、二〇三至四頁）且若日本白鳥博士之說，爽直主張 Caspi 卽 Casia 說，擬作葱嶺山中之 Tashkurgan（塔什庫爾干）（西域史上之新研究 東洋學報第三卷第二號一七三頁）又所謂 Amyrgia 究宜指今之何地，猶難確定。在 Behistun 之 Darius（大流士）碑文中，Sacia 記於 Bactria, Sogdiana, Gandaria 之次，

Sattagydia 之前；而 Persepolis 碑文則記此地於 Sattagydia, Arachosia, India 之次，Mecia 之前；Nakhsh-i-Rustam 碑文則記此地於 Zarangia, Arachosia, Sattagydia, India 之次。（羅林孫氏註希羅多德第三册，四八七頁）其中 Bactrsa, Sogdiana, Gandaria, Zarangia, Arachosia, India 等毋須說明，惟 Sattagydia 應在 Cabul 河上流地方，（同上第四册，二〇八頁，及 Cunningham 氏古代印度地理，第二六頁）而 Mecia (Mycia) 者，殆即今 Mckran 之遺名。（同上第三册，四八七頁）然則費多塞所傳之波斯古說，以 Sam 王家君臨之國土，爲 Seystân (Sacastâna)，不過以後代之地名附會於上世，而所謂 Sacae 之故土，果在 Seystan 附近耶，非無可疑矣。換言之，西元前第五六世紀時，Sacae 之所在，不得不想爲在 Zarangia, Arachosia 之附近也。且 Nakhsh-i-Rustam 碑之 Saka，爲 Saka-Huma-varga, Saka-Tigrakhuda 之二種，前者乃希羅多德之 Amorgia (Amorgioi)，殆與太史阿斯之 Amorges 費多塞之費拉莫斯有關係也。然亞歷山大（Alexander）大王從之希臘人，概以 Sacae 置之於葱嶺以北 Jaxartes 之彼岸。Erastosthenes 如此，阿剌伯亦如此。又在西元後之 Periegetes 復如此，如 Ptolemy，則以之當於 Sogdiana 以東，Imaos 山脈以西，Komeda 高原地方。若是，則可視此民族，由印度之西北地方，因某種事情，越過葱嶺而至 Jaxartes 之彼岸，從此蔓延，或轉移者也。於是復遭月氏之壓迫，復歸於印度之西北地方。惟予輩對於 Sacae 之故土，及其爲雅利安種，抑突厥種等問題，因無特別之研究，故不能下若何之斷案，第總而言之，如白鳥博士，以此民族之故土爲天山山麓，且有學者以之爲突厥種，然其進出於印度，恰在悠遠之古代。要之，謂西元前五六世紀時，印度西北地方居有 Sacae 之民族者，不得一概斥其說也。

西域記及其他佛典，以釋種之分散，爲佛在世中之事。（卽可視爲西元前五六世紀之事）固然，此傳說不足盡信，惟對於君臨釋種分散之印度西北諸國，不無若干意義也。蓋在釋與 Sacae 之間，所以暗示種族的連絡耳。況如以上之論證，釋種王家與塞卽 Sacae (Saka) 之王家，均稱爲 Śam (Sam)。於是前者之 Śam 與後者之 Sam 同，前者之 Śakya 與後者之 Saka，似堪注意也。

其關聯 Seystân 者，茲一言之，卽漢書之烏弋山離也。予輩於前慧超傳箋釋中，姑從舊說，以其都城爲今之 Kandahar，視作 Alexandria 之轉訛，而以烏弋山離爲 Alexandria 之對音。(四六丁) 然此之不滿足，當時並非未注意。近來白鳥博士於罽賓國考（東洋學報第七卷第一號）中，否認此說，謂 Kandahar 之地曰：「Darius 王碑，記爲 Haruvatis，在希臘，羅馬之記錄中，作 Arachosia 或 Arachetus，其名稱迷續至 Arabia 時代。」復提出新說曰：「蓋烏弋山離之烏弋，應譯爲 Haruvatis 之 Haru Arachosia 之 Arach 漢語中無R音，故音譯 ruch, rach，而以發音類似之弋（Yok, dok）字使用之。又烏弋山離之山離，應謂 Drangiana. 此地在 Darius 王之碑文中作 Zaranka，在希臘人間，則有 Saranga, Zaran-giana, Drangiana 諸稱，其都城曰 Zarin, Zaring，卽伊蘭語海之義也。蓋山離爲此 Zarin 之對音。漢書陳湯傳記烏弋山離爲山離烏弋，而魏略則單作烏弋。由此類例證觀察，可知烏弋山離爲二國之連稱也。」（八八頁）惟此新說，有重大之缺點二。其一：譯弋（yok, dok）爲 ru 或 ra. 縱然漢語中無R音，豈無較弋字尤近之音耶？例如羅字等卽是耳。第二：以烏弋山離爲二國之連稱。謂烏弋山離爲山離烏弋者，未必卽爲二國之連稱，卽爲連稱亦應如連稱之書載。又如僅稱烏弋者可視爲烏弋山離之略稱。原來希臘人名 Seystân 地方曰 Saranga, Zarangiana, Drangiana, 稱其都城爲 Zarin, Zaring (Zaranj)者，蓋依 Zarah (Zirrah) 湖而名之耳。(Zarin, Zaring 在蘭伊語爲海之義）據阿剌伯人所傳，可知此 Zarah(Zirrah)湖在中世時較之今日尤爲廣大，其在漢代則更開闊。此湖南端有廣大之湖床。由此湖床向東南，有第二之湖床，在發水時季，Zarah(Zirrah)湖之漲水亦流入此湖床云。此第二湖床名 Gawd-i-Zarah (Gud-i-Zirrah)，爲「Zarah 窪地」之義。（參照 Le Strange 氏東方大食地誌、三三八頁註中引據 Sykes 氏 Persia 書所說）蓋此附近之沙地，漢時所謂 Gawd-i-Zarah (Gud-i-Zirrah) 也。予輩以爲烏弋山離爲 Gawd-i-Zarah (Gud-i-Zarrah) 之音譯。卽烏弋爲 Gawd(Gud)之對音，山離爲 Zarah(Zirrah)之對音也。又 Gawd-i-Zarah(Gud-i-Zirrah) 復稱 Zarah-Gawd(Zirrah-Gud)，此卽山離烏弋之對音也。至於烏弋，自屬略稱。不僅魏略，卽在漢書之烏弋山離傳中，已用此烏弋之省稱矣。由是而論，漢人與希臘人均因湖水，而名此國者也。又漢書記此地曰弊平，烏孫國中，亦用同一之語。見有形容湖邊平地之文字。

後漢書卷一一八西域傳德若國條中記曰：「歷罽賓六十餘日行，至烏弋山離國，地方數千里，時改名排特。」此排特予輩亦從舊說爲 Parthia. 此亦當時所不滿足者。此 Helmund 川又名 Zarah (Zirrah) 川，卽 Ab-i-Zarah (Zirrah) 也。固不待言，係貫流此地而注於 Zarah (Zirrah) 湖之最大川。排特者，殆卽 Ab-i,Zarah (Zirrah) 之音譯也。

唐書卷二二一下西域傳謝颶條中記曰：「謝颶居吐火羅西南，本曰漕矩吒，或曰漕矩。顯慶時，謂訶達羅支，武后改今號。……後遂臣罽賓」同卷二二一上罽賓傳載：「顯慶三年，以其地爲脩鮮都督府。神龍初，拜其王脩鮮等十一州諸軍事、脩鮮都督。開元七年遣使獻天文及祕方奇藥，天子冊其王爲葛邏達支特勤。」惟冊府元龜卷九六六外臣部，封冊編第二載曰：「西域罽賓國……開元七年，冊其王爲葛邏達支特勤。」同卷九六四外臣部封冊編第二開元八年九月條載：「遣使冊葛達羅支頡利發誓屈爾爲謝颶國王。葛達羅支特勤爲罽賓王。」二者均爲罽賓國王，繼襲編作葛邏達支，封冊編作葛達羅支，蓋兩者原屬同一國名，而就中某一有誤耳。苟謝颶卽 Zawulistan 時，則與波斯人之 Haragaiti,

希臘人之 Arachosia 大略相當，是以予輩前於慧超傳箋釋中，以葛達羅支（訶達羅支）視作葛邏達支之誤，而以之爲 Arachotus 之省譯也。(五〇—五一丁) 惟其間猶有若干疑問焉。然近來白鳥博士於罽賓國考中，謂唐書之訶達羅支爲訶邏羅支，册府元龜之葛邏達支、葛達羅支爲葛邏邏支、葛邏羅支之誤寫，兩者均阿剌伯人 Arroxadj 之對音也。(八九頁) 惟此說與沙畹氏視訶達羅支爲達羅訶支之倒置，而謂之係 Arroxadj 之音譯（西突厥史料、一六〇頁註四）相同。對於原文字雖無若何特異之更改，然於聲音上，猶難緊合也。據今所考，予輩前視葛達羅支（訶達羅支）爲葛羅達支（訶羅達支）之誤者，實誤；册府元龜繼襲編縱作葛邏達支，卻想係葛達羅支一語焉。是以其非 Arachotus 或 Arroxadj 之音譯，殆爲接續其南部地方古名 Gedrosia（Cadussi, Cadrusi)之對音也。

固不待論，據西域記漕矩吒 Jagude（據瓦特爾氏）是以鶴悉那 Ghazna 爲中心之地方。是以此書於狼揭羅國 Lankara? 西北路次舉述波剌斯國 (Persia)，惟在漕矩吒之西南，未言何國。其後入印之唐僧，亦皆相同。唐人由陸上之實際地理知識，當不出於其西南也。換言之，彼等以爲此地由陸上得達西南之極邊。至其證據，見於唐書卷四三下地理志「條支都督府以訶達羅支國伏寶瑟顚城置」故此書西域傳如上所引，謂漕矩吒卽顯慶時訶達羅支也。條支在漢代，豈非經罽賓、烏弋山離西南行得達西海之濱乎？若置此都督府於訶達羅支（雖僅其名）則唐人如何想像訶達羅支，不難推知矣。因此，在此都督府之領州曰西海州，亦曰鎭西州。蓋唐人之地理知識，深信漕矩吒爲此方西南之極邊，偶由在留之景教僧侶等，聞及西南極邊之地名 Gedrosia，於是以漕矩吒爲訶達羅支，或以漕矩吒與訶達羅支分別傳之，因唐書之編纂史官缺乏地理知識，遂以之爲同處或同處一地矣。惟至武后之世，有由罽賓國朝貢者，復傳謝颶卽壯護羅薩他那 Zawulistan 之名，此地狀況，始漸判明。唐書敍述其四至之情形曰：「東距罽賓，東北帆延，皆四百里。南婆羅門，西波斯，北護時健。」惟西南兩方，僅漠然曰波斯、婆羅門，且前聞漢代條支爲訶達羅支之名，因國光遠被之自負心，故開元中，卽罽賓之特勤亦冠之。尤以當時之罽賓卽迦畢施 Kapis，併吞謝颶，因其勢力，幾及於訶達羅支，（卽 Gedrosia）但此名爲唐人頗重視者。

按 Gedrosia 固爲阿剌伯人之 Mekran. 此名在顯慶中，似猶見實用。縱不然，唐代景教僧侶，尙以此名，稱呼此地焉。是以 Gedrosia 應與 Cadussi, Cadrussi 相結合者，羅林孫氏於其 Vocabulary 中，已根據而示之矣。（羅林孫氏註希羅多德第四冊、二一四頁）訶達羅支尤其是葛達羅支之爲 Cadrusi 對音，豈非最適當之文字耶？惜予輩對於所謂 Vocabulary 以未得寓目爲憾；縱 Gedrosia 非 Cadrusi, 但以訶達羅支尤其是葛達羅支爲 Gedrosis 之對音，似無甚不妥也。

再在此猶當附述者，爲謝䫻之國名。䫻之字符作日，爲予輩所未習見，即段註說文亦疏漏之，玆深荷白鳥博士之教誨，謝䫻爲 Zawul (Zavul) 之對音，果無遺憾耶？實則䫻音同 ut, 用爲 Wul 之對音，固無遺憾。因此，予輩辱承白鳥博士教誨之後，即信謝䫻確爲 Zawul 之對音。惟近來偶檢北魏書，見及當時朝貢諸國中，有遮逸國，遂疑 Seystân (Sedjestân) 之國名，當時已爲中國所知。因此，謝䫻是否仍爲 Sey, sewi 之對音，不無可疑。䫻爲 wul 之對音，固無不可，惟爲 y, Wi 之對音，亦非不能也。且逸音同 it, yit, jit 亦得爲 i, yi, ji 之對音，然終難作 Wul 之對音也。況論及遮逸爲 Seystân 之問題，謝䫻之謝，較之 za 尤近於 sa, 或 se, 固毋須爭辨者也。予輩非有意非之，惟現在視謝颶與遮逸相同，而不明其究爲 Zawul 之對音，抑 Seyi, Sewi 之對音，若言其究屬何者，則傾於後者焉。惟如前所述，謝颶之颶爲颶時，則應爲 Zawul(Zabul) 之對音，殆無可疑。

× × × × × × ×

大唐西域記卷一颯秣建國 Samarkand 條曰：

其王豪勇，隣國承命，兵馬強盛，多是赭羯。赭羯之人，其性勇烈，視死如歸，戰無前敵。

按此赭羯，見於唐書西域傳安國 Bokhara 條：「募勇健者爲柘羯，柘羯者，猶中國言戰士也。」據予輩之意見，以爲從來諸學者對於此赭羯或柘羯之解釋，俱感不充分。瓦特爾氏於其西域記之註譯第一冊、九四頁中，視之爲 Chalak，雖爲論外，但馬貴特 (Marquart) 氏答沙畹氏之問，以之爲波斯語 tchākar 之對音，原爲僕隸之義，在 Sogdiana 轉用作戰士（衞士）之名者，然亦不過想當然耳。（西突厥史料三一三頁）又日本白鳥博士於東洋學報第一卷第三號西域史上之新研究中解之爲突厥語，曰：「爲與 Uigur 語之 Suguš, Kusnezk 語之 Šag 等相近原語之對音，由戰爭、鬬爭之義一轉，在此以呼戰士之名者也。」又曰：「Bokhāra, Samarkand 邊之士民，卽在其時已爲伊蘭種族，其君主及兵士爲勇悍之突厥人，故戰士依其國語應稱赭羯，卽（Šagas）Saguš 也。」（三三頁）上說果如何？試觀大慈恩寺三藏法師傳（卷二）颯秣建國條：「王及百姓不信佛法，以事火爲道。」又唐書西域傳，康國（薩末鞬）條：「隋時其王屈木支娶西突厥女，遂臣突厥。」按此雖有臣突厥之事實，但其王是否爲突厥人，則不明瞭。似反不若謂爲伊蘭人也。至安國之王亦相同。且此諸國之王，以昭武爲氏，似爲月氏之子孫，惟此種傳說殊不足信。又縱然此地之王爲突厥人，但以一般軍士之義之 Šuguš（Šagas），擬作特種軍士之赭羯、柘羯，則如何？據兩書所傳，此赭羯柘羯，皆爲勇猛軍士之特稱。因此，予輩想以之爲 Sacae（Saka），或其轉訛也。如前所述，在 Darius 之 Nakhsh-i-Rustam 碑文中，曾列舉 Saká Humavarga, Saká Tigrakhuda 之兩種 Saka，前一 Saka，爲希羅多德之 Amyrgia，羅林孫氏謂自稱 Humavarga 卽 Amyrgi 之 Saka，爲波斯軍之最良最善而供給某一部隊者。（希羅多德註第四冊二〇頁及古代東方五大帝國第三冊一〇七頁）若此 Humavarga, Amyrgi（Amorgioi）

太史阿斯之 Amorges，費多塞之費拉莫斯有關係則 Sacae（Saka）在波斯之軍隊中供給以最良最勇之部隊者自從 Cyrus, Darius 之昔日已然相傳亞歷山大大王東伐時，此種族曾爲波斯而勇敢戰鬬也。是以此 Saka 至 Sassan 王朝始歸消滅，唐初猶存此名稱，可見在 Sogdiana 地方之伊蘭人國家中，供給最良最勇之軍士也。惟據唐書西域傳，謝颶 Zawulistan 條下載：

國中有突厥罽賓吐火羅種人雜居，罽賓取其子弟持兵以禦大食。

此書所載之罽賓，爲 Kapis，而 Kapis 王家爲防禦大食，依照波斯舊習，編制一種 Saka 兵。此種習慣，至大食時代，遂生 Mambuk. 波斯人所謂 Sacae（Saka），最初固有區別，所以總稱東北山地之外族者，然未必卽爲一定之種族也。縱然此 Sacae（Saka）非突厥族，然亦想爲突厥族之混血統之伊蘭，及後歷時稍久，所謂 Sacae（Saka）者，遂成勇健被傭外族軍士之意義矣。因突厥族之蔓延，使其勇健者充當 Sagdiana 地方伊蘭人國家之傭兵，而仍沿舊習稱 Saka 卽赭羯、柘羯焉。當大食入寇，防戰於 Sogdiana 地方者，殆卽赭羯、柘羯，惟在印度北邊防戰之勇猛者，乃戴有釋種王家之俱位（即商彌）及烏長（即烏仗那）與骨吐（Khuttal）也。（冊府元龜卷九六七）對於亞歷山大大王東伐 Sacae(Saka) 之態度，亦復大略相同。若此果爲突厥族言語含有勇敢軍士意義之 Sagas 時，則係由波斯人 Saka 轉訛而成歟？

唐書（卷一九二）張巡傳更載一有趣之事實。其於肅宗至德二年（A. D. 757）安慶緒遣其下之尹子琦，將同羅突厥奚之勁兵，與楊朝宗相合，圍困張巡等於睢陽。傳其時之事曰：

賊覘城上兵休，乃弛備。巡使南霽雲等開門，徑抵子琦所，斬將拔旗。有大酋被甲引拓羯千騎，麾幟乘城招巡。

按文中之大酋，自非漢人。若尹子琦所率者爲同羅突厥奚之勁旅，則所謂拓羯（柘羯）殆即由此等所組織之軍隊也。固不待言，當時柳城即在今之朝陽地方，亞細亞西方之胡人居住於此者不少。在姜師度再建柳城時，復傳：「追拔幽州及漁陽淄青等戶，并招輯商胡，爲立店肆。」（舊唐書卷一八五下新唐書卷一三〇宋慶禮傳）被稱爲其地人之安祿山，相傳亦爲父胡母突厥，其據幽州欲叛時曰：「分遣商胡詣諸道，販鬻歲輸珍貨數百萬。」（通鑑卷二一六）或曰：「潛遣賈胡行諸道，歲輸財百萬。」（新唐書卷二二五上安祿山傳）但予輩以爲此拓羯，未必盡爲西亞細亞之胡人。如上所述，拓羯一語，起於 Sacae（Saka），然歷時久遠，遂轉成被傭於他國豪健戰士之義，其在 Sogdiana 地方如此，則在東亞細亞，想亦然也。因此，在此拓羯中，有突厥，有同羅，有奚，復有雜胡。然則此 Sogdiana 地方拓羯一語，用於遙遠東方幽營地方軍隊之名者，實饒興味焉。

夫所謂糺軍，殆係契丹創始。予輩以之僅爲拓羯之遺制，至其名稱，想亦不外由拓羯而來者也。關於此糺軍之問題，爲前歲迄去年，箭內羽田兩學士間所爭論者。讀者之記憶，當猶新也。箭內學士以糺字之音求之於邵遠平元史類編（卷一）世紀太祖九年條所載「糺音冥，遼東君也。凡二十五部族。」與彭大雅黑韃事略載「其軍即民之年十五以上者，有騎士而無步卒。人二三騎或六七騎，五十騎謂之一糺。（都由切，即一隊之謂）」認糾爲糺之譌，係都由切。本於白鳥博士所說遼史語解之「炒伍𠆸、戰也，」（語解爲「沙伍𠆸尉、戰名也」）以此炒伍𠆸爲蒙古語之 Sagor，即以燕北雜記「粆離是戰」之粆離，爲 Šagor 轉訛之 Šari. 結局視糺爲此蒙古語之略，並爲其轉訛焉。（遼金時代之糺軍 史學雜誌第二十六編第七號三一八頁）且元史類編曰「糺音冥，遼東君也。凡二十五部族，」此如羽田學士所指摘，該書藍本續宏簡錄載：「乣音杳，遼東軍也。凡二十五部族，」蓋冥因義而爲杳之譌，君因音而爲軍之訛也。（遼金時代之乣軍藝文第六年第九號）但所謂乣音杳者，如羽田學士之言，似非由幺等而想像，箭內學士視作査之譌者，頗足注意。（再論遼金時代之乣軍史學雜誌第二十六編第十號八八頁）其不僅思睎視印本，且以此字之符爲乚焉。此固出於想像，但金史卷四四兵志載曰：

東北路部族乣軍曰迭剌部承安三年改爲土魯渾尼石合節度使 曰唐古部承安三年間改爲部魯火札石合節度使 二部五乣，戶五千五百八十五。

按此部魯火札之部，應爲都之譌，蓋與金史卷六六所載迭魯苾撒乣詳穩之迭魯苾撒相同也。據此以觀，予輩遂信乣軍卽石合「乣音杳」者，確係查之譌也。

視黑韃事略所謂「五十騎謂之一糾卽由一都切隊之謂」之糾爲乣之訛者，不獨始自日本之箭內學士。在光緒二十三年（卽日本明治三十年）曹氏元忠校註朱孟珙之蒙韃備錄時，已於其軍政條「故無步卒，悉是騎軍」中加註之，而引黑韃事略之一節曰：

糾卽乣軍之乣，沿金制也。

果以此註爲正時，則宋徐夢莘之三朝北盟會編卷三中敍述金人官名：

其官名則以九曜二十八宿爲號，曰諳版孛極烈大官人，孛極烈官人，其職曰忒母萬戶，萌眼千戶，毛毛可百人長，蒲里偃牌子頭。孛極烈者糺官也，猶中國言總管云。

糺官之糺，亦當視爲乣之譌矣。固不待言，諳版孛極烈爲金史之諳版勃極烈，大官人卽其解，而孛極烈官人者，當亦相同；至於忒母亦曰忒滿，卽萬戶長，萌眼爲猛安，卽千戶長，毛毛可乃猛克也；而蒲里偃當卽金史兵志之「謀克之副曰蒲里衍」。牌子頭爲十人之長，復見於元蘇天爵元文類經世大典敍錄軍制編及元史兵志中。據蒙韃備錄，成吉思汗嘗係舊牌子頭結婁（曹氏視之爲勃極烈）之子。唯在此應注意者，其一，黑韃事略及蒙韃備錄，係敍元代一般之兵制，三朝北盟會編乃說金之一般兵制者，故如乣軍，不關於特種之軍隊也。此事羽田學士對於黑韃事略之記載，已指出矣。其二，乣易譌爲糺，惟以之譌作糾，謂係經過糺字第二者之中介後而成，此固並非不可能，惟不若乣之易譌作糺也。且觀箭內學士關於元史之示例，俱爲乣譌作糺，而不譌作糾也。根據以上之理由，予輩對於曹氏及日本箭內學士以黑韃事略之「五十人謂之一糾」之糾，依照譌作糺之例，而直認爲乣之訛者，似覺言之過早焉。

固然，予輩並非以黑韃事略「五十人謂之一糾」之糾，直認之爲糾也。且對於著者特於此字下所註：「都由切，卽一隊之稱」之理由，無以解釋矣。幸見三朝北盟會編載：「孛極烈者，科官也，猶中國言總管云」之科官，特用科字，而不用糾字焉。按科之音符爲斗，此卽黑韃事略註「都由切」之所以，因此字易與糾字相混，或因非習見之字，故特如是註之耳。然則黑韃事略之糾，不得不認作科之譌矣。故據黑韃事略，元初聞以五十騎（十騎之誤?）爲一科，卽「一隊之謂」，及至金時，則不僅限於十騎一隊，卽千騎萬騎之一隊，亦稱科，據上引三朝北盟會編之文，固明甚也。予輩以爲此科由波斯人而來，通用於突厥人蒙古人之間，卽 túk（卽 Túgh）之音譯也。古代波斯謂之 Taka，而 Cosmas Indicopleustes 以 tupha 稱之云（Yule 氏註 Marco Polo 第一册、二五五頁）

按此 Túk，爲犛牛尾或馬尾所作之 Standard，中國之纛，亦有之。試觀漢書卷一上黃屋左纛註：「李斐曰，毛羽幢也」及「蔡邕曰，以犛牛尾爲之，如斗」，卽知其然，可見係由西方輸入者也。要之，元史載烈祖崩時，太祖尚幼，部衆皆離叛，近侍脫端火兒眞亦帥衆馳去，宣懿太后「麾旗將兵，躬自追叛者」之旗，卽 Túk，所謂牌子頭之牌子，想亦出於此也。此黑韃事略之「五十騎謂之一糺（都由切，卽一隊之謂）」，亦應如是解釋之，然則糺爲糾之訛，愈益明矣。蓋一糺與一纛或一牌子相同耳。既與一纛相同，則因時因地，其騎數未必一定。如彼三朝北盟會編所載：「孛極烈糺官也，猶中國言總管云」亦可解釋矣。卽百騎曰一糺，千騎亦曰一糺，萬騎亦曰一糺也。其長稱作猛克猛安忒滿，但總曰糺官，乃泛稱耳。卽「猶中國言總管云」之謂也。元時亦相同，成吉思汗之下，九烏爾魯克 Orloks 亦有 túk 之稱號，後成名譽云。（同上）

根據右說，苟大體上無誤時，則黑韃事略之糺，不得直移作糺之音義解釋也。蓋此糾字，據三朝北盟會編，明爲糾之譌，而糾乃都由切，故曰「五十騎謂之一糾」也。是以予輩已如上述，金史兵志中，改東北部族糺軍迭剌部爲土魯渾尼石合節度使，改唐古部爲部（都）?魯火札石合節度使，蓋糺軍卽石合者，由是而觀，邵遠平於續宏簡錄中謂：「糺音杳」（正確爲查）者，不僅想像而已也。

〔附言〕纛與 túk 屬於同語源，毫無可疑。惟幢想亦然耳。蓋巾示其物質，童者示其音 Túk 也。再據漢書纛之註，謂其形「如斗」焉。可見糾字之製作，亦由於此。在中國之字書中，不明釋此字，故於此附記之。

× × × × × ×

夫認乣軍爲石合，而予輩信其不外爲拓羯之異譯也。凡事俱非突發者，故愈其認乣軍突發於契丹，不若視爲發於其他爲至當。如上所述，唐之中葉安祿山起於附近，以突厥同羅奚人編成所謂拓羯之軍隊。然則以乣軍爲石合，而認作拓羯之異譯者，似有相當之理由。固如羽田學士之說，滿洲語謂軍隊爲 Čooha, 白鳥博士於東胡民族考中言東胡語族之古文或某一地方語，鈔合 Čooha, Čokha, Čoga, Čuga 等等，皆含軍之義，惟此皆當認爲由拓羯，乣軍，石合等軍隊之名而成者也。

關於乣軍之性質，箭內學士之說明相當精密，其大體所言，概爲由外族募集之軍隊。此在金時固然，卽遼時亦當如箭內學士所言，未必限於外族也。但爲非一定部族之軍隊，不問何部族，更不問爲內外族，凡僅募集豪健者所編制之軍隊，皆得稱之。尤以邊防之乣戶，羣牧，似頗多外族焉。據遼史卷三四兵衛志之序載曰：「天贊元年，以戶口滋繁，乣轄疏遠，分北大濃兀爲二部，立兩節度以統之。」

按糺，固卽乣之譌也。遼史語解中雖解釋糺轄曰：「乣軍名，轄者管束之義，」但乣軍之管爲疏遠，實覺不妙。反不若以乣轄二字爲軍名，乣轄疏遠者卽乣軍由族類之上而疏遠之義耳。至其北大濃兀之大濃兀，固不明瞭，殆與金之撻魯古同，卽今遊牧於洮兒河沿之部族也。蓋因濃與魯時常混淆不分，想此與蒙古人等相雜，實際由乣轄疏遠之句觀，殆有乣軍由外族募集過多之感，當更可信矣。再觀金時之事，金史卷九四內族襄傳敍述遷諸乣於內地曰：「或曰乣人與北俗無異，今置內地，或生變奈何，襄笑曰乣雖雜類，亦我之邊民。」可知其爲近於蒙古人之雜類，且名之曰邊民也。然則乣軍卽在其性質上，亦頗與拓羯相似也。

予輩以爲乣轄卽乣軍，不過爲拓羯之異字，惟此乣轄，遼初已有之，關於此點，遼史所記，甚屬奇妙。按遼史之國語解，雖依照史本文之順序而排列文字者，但在帝紀太祖紀中，置嗢娘改，西樓，於阿點夷离的之後，夷离畢之前。檢查本文，嗢娘改見於太祖神册三年之條，西樓見於同六年之條，惟其時及其後，在本紀中，關於乣轄，無何等之記載，卻如前引，僅見於兵衞志也。尤其是予輩所藏之遼史，爲南監補修本，此層乃嘉靖八年所補刻者也。在元刊中，神册六年條，於西樓之後，离畢之前，是否有關糺轄之記事固不得而知，惟以意度之，應有之也。按此六年，爲太祖與諸弟剌曷等戰爭之年，見於遼史卷七三耶律曷魯傳載：「明日（太祖）卽皇帝位，命曷魯總軍國事。時制度未講，國用未充，扈從未備，而諸弟剌曷等，往往覬非望，太祖宮行營始置腹心部，選諸部豪健二千餘充之，以曷魯及肅敵總焉。已而諸弟之亂作，太祖命曷魯總領軍事，討平之，以功爲迭剌部夷离堇。」一文中「諸部豪健二千餘，」殆卽糺轄也。此固係想像之言，但在太祖六年已有糺轄一名，略無疑義。元來因遼服屬於回鶻，故其間持有親密之關係，如太祖淳欽皇后，其先俱爲回鶻人，卽遼史卷七一后妃列傳亦曰：「遼因突厥，稱皇后曰可敦。」以此視西方所傳拓羯之軍名及其軍制，當無若何奇異也。況安祿山已將突厥同羅奚人等編制拓羯之軍隊乎。再蒙韃備錄敍說諸將功臣曰：

又其次曰大葛相公，乃紀家人，見留守燕京。

曹氏註曰：

按大葛卽撒曷對音，古今紀要逸編云：嘉定五年十一月，忒沒眞留大酋撒曷，圍女眞於燕京，而身督三道兵，分取河東河北山東三路九十餘郡，與此錄合，知大葛卽撒曷之對音，撒曷又卽石抹之對音。故元李志常長春眞人西遊記，稱石抹相公卽石抹也先也。

此註頗有趣，同時亦頗有誤。實則大葛相公卽西遊記之石抹公也。但此石抹公，非石抹也先，而爲石抹明安之長子石抹咸得不也。據元史卷一五〇石抹明安傳，太祖十年(A. D. 1215)元兵降燕京，明安以功加太傅邵國公，兼管蒙古漢軍兵馬都元帥，翌年疾卒燕城，長子咸得不襲其職，而爲燕京行省云。又據同書卷一四六耶律楚材傳載：「帝自經營西土，未暇定制，州郡長吏生殺任情。……燕薊留後長官石抹咸得不，尤貪暴殺人盈市。楚材聞之泣下，卽入奏，請禁州郡，非奉璽書，不得擅徵發。囚當大辟者，必待報，違者罪死。於是貪暴之風稍戢。」此乃太祖二十一年（A. D. 1226）以後之事也。然則石抹咸得不之燕京行省（卽燕薊留後）可知至少由太祖十一年（A. D. 1216）迄同二十一年(A. D. 1226)也。是以若以長春眞人之入燕京年爲太祖十五年(A. D. 1220)時，則西遊記所謂「行省石抹公，館師於玉虛觀」之行省石抹公，無疑卽石抹咸得不矣。此事復見於錢大昕之西遊記末尾，乃屬明顯之事實。又若蒙韃備錄載：「去年春，珙每見其所行文字，猶曰大朝，又稱年號，曰兎兒年、龍兒年。至去年方改曰庚辰年，今曰辛巳年，是也。」則此書成於辛巳（卽宋嘉定十四年 A.

D. 1221）已無疑義。是以「大葛相公乃紀家人見（現）留守燕京，」所謂相公之爲石抹咸得不，固屬確切不移。唯曹氏引用宋黃震之古今紀要逸編載：「嘉定五年十一月忒沒眞留大酋撒曷闍女眞於燕京，而身督三道兵分取河東河北山東三路九十餘郡，」而曰：「與此錄合」者，不知何所言也。此與本文略無關係，況此紀要逸編之記錄稍有傳聞之誤歟。太祖三道進兵，分取九十餘城者，乃在八年，即宋嘉定六年而非五年也。（尤其如宋人間之所傳）此時擔負牽制燕京金兵之任者爲可忒薄刹，親征錄記作怯台薄察，是以闍女眞於燕京者，爲其翌年（即太祖九年）元史曰：「詔三模合石抹明安與斫答等圍中都」又據柯氏劭忞之新元史載：「是年始置行省於宣平，以撒木合領之，部署降衆。」按撒木合即三模合也。紀要逸編之撒曷爲可忒薄刹歟？三模合歟？抑石抹明安歟？或其他歟？若如曹氏之言，不易解也。

唯在茲應注意者，備錄以石抹咸得不作大葛，且曰紀家人。按備錄所載，乃孟珙之實際見聞，殊足憑信。據元史卷一五〇石抹明安傳，石抹明安爲桓州人。初事於金，輒往來於蒙古，爰識太祖，惟至太祖五年，遂降元。金之桓州屬西京路，至於故城，在今察哈爾多倫縣云。其姓石抹，爲與遼之后家同族，或其關係者，似引回鶻之血統也。曹氏雖曰：「知大葛即撒曷之對音，撒曷又即石抹之對音，」但大葛殆即撒曷之轉誤，撒曷與石抹在音韻上似無關係也。若由石抹明安之生地，血統，經歷及其子咸得不相傳爲紀家人等事觀察，其爲寓於乣軍之人而紀家殆即乣軍之轉訛也。(Saka, Chaka, taka) 因時處與種族而有如是音之轉訛，使 Chashkent 轉爲 Shashkent，又轉爲 Tashkent，此即適切之一例也。因此，大葛得視爲 Saka 之訛轉，故 Saka 人呼作大葛，另見咸得不之實名，當不足注意也。

予輩關於此事抱有奇異者，尙殘其一。即石抹一姓是也。耶律爲劉，述律爲蕭，視作略稱，皆無何等可異。但述律作石抹者，固不得謂爲音之訛轉。蓋因律無訛轉爲抹之理由。元史卷一五〇石抹也先傳曰：「至遼爲述律氏，號稱后族。遼亡，改述律氏爲脫羅畢察兒，」元許謙白雲集卷二總管黑軍石抹公行狀中載「故世后皆蕭氏，而蕭遂爲右族。金滅契丹，易蕭爲石抹氏，」唯至金，述律即蕭氏，僅作石抹，至何故稱石抹之理由，依然不明。予輩或有牽強之嫌，按乣軍即 Saka 之姓，係由 Śama (Śam) 而來，石抹想即 Śama (Śam) 之音譯也。唯此說，至今猶不敢確信而不疑。

最後當予輩草此小論文時，痛感材料之不足，雖賴諸先輩之好意，獲得便利不少，然如費多塞之 Shah-Naméh, Mohl 氏之法譯，窩涅（Warner）氏之英譯，終未得寓目之機會，僅見戈比奴氏之波斯史，不能以摘要爲不滿足，特表感謝與遺憾之忱。

附言

中國之所謂西遼，於西方亞細亞稱曰 Kara Khitai，此如布拉資虛涅德 (Bretschneider) 氏之言，似係起於蒙古或突厥者。何以故？蓋 Kara 一語，此兩國均有「黑」之義也。(Mediaval Researches, Vol I. p. 210) 唯關於此契丹之所以稱爲黑契丹，該氏最初與從來學者同，未與以明解。尤其該氏對於蒙古之古史，謂此人民記載此語之複數爲 Karakitat，至何故稱作黑契丹，則不明瞭。予輩依據元史石抹明安傳，對此問題之解決，略得其端緒焉。石抹氏者，遼之后族也。也先之祖庫烈兒曰：「誓不食金祿，率部落遠徙」，其父脫羅畢察兒亦未出仕。相傳也先「年十歲，從其父問宗國之所以亡，卽大憤曰，兒能復之。」爰事元太祖，攻金立功。後傳曰：「也先籍其私養敢死之士萬二千人，號黑軍者，上于朝，賜虎符，進上將軍，以御史大夫提控諸路元帥府事。」蓋彼以私養敢死之軍，號曰黑軍。實與圖恢復亡遼之耶律大石之國而稱黑契丹者相似。也先死後，此黑軍由其子查列率領從木華黎而下關西諸郡，在汴京南征時，詔使之爲前列。且在攻擊遼東之南京時，亦立殊功。查列死後，由其子庫祿滿率領，自庫祿滿逝世，則更由其子良輔繼領云。原來此黑軍之起，爲復遼讎於金者，換言之，可稱爲復讎之軍也。因此，其軍用旗幟等，均採黑色，所謂黑軍者，想卽由是而得名。於是在同一事情之西遼，亦有同一之狀態。至少耶律大石直屬之軍隊，爲亡國遺臣用黑色於旗幟或其他之上。但因時過境遷，遂成慣例，卽在中國本土，猶爲同樣之黑軍。此卽發生黑契丹名稱之原因歟？尚乞大方進而教之，則幸甚矣。

藤田此考，對於糺爲糾之誤，及音杳爲音查之誤，均極明顯，惟竊以爲音杳實音沓之誤，似比音查爲切合。又藤田謂遼金糾軍之名，源於西域，卽中國之纛字幢字，其源亦同。乃獨於唐季稱軍隊曰都，竟未提及。此都之名稱，自天子以至藩鎮，皆有之。如捧日都、黑雲都之類，不可勝舉。統軍者謂之都將、都頭。竊疑契丹之糾，卽從此都字而來，因呼音有異，故別用糾字，而都字亦從柘羯而來者也。譯校既竟，偶貢所見，亦希大方見教，幸甚。譯者識。